KÖNIGS ERLÄUTERUNGEN

Band 150

Textanalyse und Interpretation zu

Carl Zuckmayer

DER HAUPTMANN VON KÖPENICK

Wilhelm Große

Alle erforderlichen Infos für Abitur, Matura, Klausur und Referat plus Musteraufgaben mit Lösungsansätzen

Bange Verlag

Zitierte Ausgabe:
Zuckmayer, Carl: *Der Hauptmann von Köpenick. Ein deutsches Märchen in drei Akten*. Frankfurt am Main: Fischer Taschenbuch Verlag, 2009.

Über den Autor dieser Erläuterung:
Dr. Wilhelm Große: Studium der Germanistik, Philosophie und Pädagogik an der Ruhr-Universität Bochum; Tätigkeit im Schuldienst, in der Lehrerausbildung und -fortbildung; Lehrbeauftragter an der Trierer Universität im Bereich Literaturdidaktik; zahlreiche Publikationen zur deutschsprachigen Literatur vom 18. bis zum 20. Jahrhundert; literaturdidaktische Beiträge.

2. Auflage 2014
ISBN: 978-3-8044-1956-8
PDF: 978-3-8044-5956-4, EPUB: 978-3-8044-6956-3

Titelbild: Heinz Rühmann als Hauptmann im Film „Der Hauptmann von Köpenick“, © Cinetext

Druck und Weiterverarbeitung: Tiskárna Akcent, vimperk

1. DAS WICHTIGSTE AUF EINEN BLICK – SCHNELLÜBERSICHT

Damit sich jeder Leser in unserem Band rasch zurechtfindet und das für ihn Interessante gleich entdeckt, hier eine Übersicht.

Im 2. Kapitel werden die wichtigsten Daten zu **Zuckmayers Biografie,** dem **zeitgeschichtlichen Hintergrund** und **seinem Werk** angeführt:

⇨ S. 10 ff.

→ Carl Zuckmayer lebte von **1896 bis 1977**.

→ Er wurde in der Nähe von Mainz geboren, lebte lange Zeit in Berlin, siedelte nach der Machtergreifung Hitlers nach Österreich, dann in die Schweiz (1938) und schließlich in die USA (1939) bzw. Kanada über. 1946 kehrte er nach Deutschland zurück. Zehn Jahre später ließ er sich in der Schweiz (Saas-Fée) nieder.

⇨ S. 15 ff.

→ *Der Hauptmann von Köpenick* wird **1931 in Berlin uraufgeführt**, 1933 wird durch die Nationalsozialisten ein Aufführungsverbot erteilt.

⇨ S. 18 f.

→ Bestimmend für das Werk von Zuckmayer sind seine Erfahrungen in der Weimarer Republik (Neue Sachlichkeit), während der Emigration und des Wiederaufbaus in der Bundesrepublik Deutschland.

→ Zuckmayer gehört zu den erfolgreichsten Dramatikern der Weimarer Republik, vor allem durch sein **Wiederaufgreifen der Volksstücktradition**. Nach dem Zweiten Weltkrieg lieferte er mit *Des Teufels General* (deutsche Erstaufführung 1947) eine erste dramatische Aufarbeitung des ‚Dritten Reiches'.

Im 3. Kapitel bieten wir eine **Textanalyse und -interpretation**.

Der Hauptmann von Köpenick – Entstehung und Quellen:

Über die Entstehung und die Quellen der Komödie liegt ein autobiografisches Zeugnis von Zuckmayer vor. Demnach erhielt er einen **Hinweis auf die Geschichte des Schusters Wilhelm Voigt** durch seinen Freund **Fritz Kortner**. Er studiert daraufhin die alten **Zeitungsberichte** und **Prozessakten**. ➪ S. 20 ff.

Inhalt:

Hauptmann von Schlettow probiert in einem Potsdamer Geschäft seine neue Uniform an, während **der gerade aus dem Gefängnis entlassene Voigt** als Bettler hinausgeworfen wird. Voigt, der weder Arbeit noch eine Aufenthaltsgenehmigung hat und das eine nicht ohne das andere bekommen kann, **wird aus Verzweiflung wieder kriminell** und bricht mit Kalle in einem Polizeirevier ein. Dafür kommt er wieder ins Zuchthaus. Als er nach zehn Jahren entlassen wird, versichert ihm der Direktor, dass die militärische Ausbildung, die er im Gefängnis erfahren hat, ihm eines Tages noch einmal von Nutzen sein werde. Voigt findet Aufnahme bei seiner Schwester und deren Mann Friedrich Hoprecht, einem kleinen Beamten. Doch Voigts erneuter Versuch, im Leben Fuß zu fassen, scheitert abermals. Voigt wird ausgewiesen. Nun kauft sich Voigt in Krakauers Kleiderladen **eine gebrauchte Hauptmannsuniform**, hält einen Trupp Soldaten an, zieht mit ihnen zum Köpenicker Rathaus, nimmt dort den Bürgermeister gefangen und lässt ihn zur Wache nach Berlin befördern. Voigt muss erkennen, dass es in dem Rathaus keine Passabteilung gibt, er sich also die dringend benötigte Bescheinigung dort nicht ausstellen lassen kann. **Voigt bedient sich der Gemeindekasse**, entlässt die Soldaten und stellt sich der Polizei unter der Bedingung, dass er nach seiner Entlassung einen Pass enthält. ➪ S. 25 ff.

Chronologie und Schauplätze:

➪ S. 48 ff. Die Komödie spielt an verschiedenen Orten in Berlin und Umgebung zu Beginn des 20. Jahrhunderts.

Die dargestellte Zeit umfasst etwas mehr als zehn Jahre.

Personen:

Die Hauptperson ist:

➪ S. 57 ff. **Wilhelm Voigt**
kein Asozialer, kein Revolutionär, kein erklärter Sozialdemokrat

Weitere Personen sind:

➪ S. 61 **Hauptmann von Schlettow**
Militarist

➪ S. 61 f. **Bürgermeister Obermüller**
liberaler, standpunktloser Karrierist

➪ S. 62 **Uniformschneider Adolf Wormser**
will unbedingt Kommerzienrat werden

➪ S. 62 f. **Zuschneider Wabschke**
durchschaut die Militärkulisse

➪ S. 63 **Friedrich Hoprecht**
typischer Kleinbürger

Wir stellen diese Figuren ausführlich vor.

Stil und Sprache Zuckmayers:

Wir arbeiten verschiedene Sprachen heraus: ⇨ S. 81 f.

- → Sprache der Herrschenden,
- → Sprache der Unterdrückten,
- → Verwendung des Berlinerischen als Dialekt.

Interpretationsansätze:

Der Hauptmann von Köpenick ist ein Drama ⇨ S. 85 ff.

- → über eine vom Militär durch und durch geprägte Gesellschaft, die ‚wilhelminische Gesellschaft‘,
- → über den Verlust der Menschlichkeit in einer Gesellschaft,
- → über die Einforderung einer humaneren Gesellschaft in der Form einer Komödie.

Carl Zuckmayer
1896–1977
© akg-images

2. CARL ZUCKMAYER: LEBEN UND WERK

2.1 Biografie

JAHR	ORT	EREIGNIS	ALTER
1896	Nackenheim	Carl Zuckmayer wird am 27. Dezember in Nackenheim bei Mainz geboren.	
1914	Mainz	Besuch eines humanistischen Gymnasiums in Mainz (seit 1903); Notabitur und Meldung als Kriegsfreiwilliger im 1. Weltkrieg; Einsatz an der Westfront; 1918 Leutnant.	18
1917		Erste Gedichtveröffentlichungen in der von Franz Pfemfert herausgegebenen expressionistischen Zeitschrift „Die Aktion".	21
1918		Mitglied des Arbeiter- und Soldatenrates in Mainz und des „Revolutionären Studentenrats" an der Universität Frankfurt a. M.	22
1918–1920	Frankfurt a. M.; Heidelberg	Student an der Universität Frankfurt a. M. und Heidelberg in den Fächern Nationalökonomie, Philosophie und Biologie.	22–24
1919		Mitarbeiter an der von Carlo Mierendorff herausgegebenen radikalen Zeitschrift „Das Tribunal".	23
1920	Berlin	Uraufführung des Dramas *Kreuzweg* in Berlin, das nach drei Aufführungen vom Spielplan abgesetzt wird.	24
1922	Norwegen	Reise nach Norwegen (Lappland).	26
1922/23	Kiel	Dramaturg an den Städtischen Bühnen in Kiel; Entlassung nach der skandalösen Aufführung von Terenz' *Der Eunuch* in der Bearbeitung von Zuckmayer.	26–27

JAHR	ORT	EREIGNIS	ALTER
1924	Berlin	Dramaturg zusammen mit Bertolt Brecht am von Max Reinhardt geleiteten Deutschen Theater in Berlin.	28
1925	Berlin	Entlassung als Dramaturg; Uraufführung von *Pankraz erwacht oder Die Hinterwäldler*, ein Misserfolg; Heirat mit der Schauspielerin Alice Frank, geb. von Herdan; erfolgreiche Uraufführung der Komödie *Der fröhliche Weinberg* in Berlin (Theater am Schiffbauerdamm; Kleist-Preis für dieses Stück).	29
1927	Berlin	Uraufführung des Schauspiels *Schinderhannes* in Berlin (Lessing-Theater).	31
1928	Berlin	Uraufführung des Schauspiels *Katharina Knie* in Berlin (Lessing-Theater).	32
1929		Georg-Büchner-Preis und Dramatikerpreis der Heidelberger Festspiele; Drehbuch für den Film *Der blaue Engel* (1930) nach Heinrich Manns Roman *Professor Unrat*.	33
1930	Berlin	Uraufführung des Kinderstücks *Kakadu-Kakada*.	34
1931	Berlin	Uraufführung des Schauspiels ***Der Hauptmann von Köpenick*** in Berlin (Deutsches Theater).	35
1933	Österreich	Aufführungsverbot für den *Hauptmann von Köpenick* in Deutschland durch die Nationalsozialisten; Übersiedlung nach Henndorf in Österreich, wo Zuckmayer bereits 1926 in der Nähe von Salzburg die Wiesmühl als zweiten Wohnsitz erworben hatte.	37

JAHR	ORT	EREIGNIS	ALTER
1934	Wien	Uraufführung des Schauspiels *Der Schelm von Bergen* am Wiener Burgtheater; die Erzählung *Eine Liebesgeschichte* erscheint noch in Berlin.	38
1935–1937	London Wien	Drehbücher für Alexander Korda; mehrere Reisen nach London; der Roman *Salware oder Die Magdalena von Bozen* (1935), in Leipzig herausgegeben und von den Nationalsozialisten beschlagnahmt und vernichtet, kann 1936 in Wien erscheinen.	39–41
1938	Schweiz	Emigration in die Schweiz nach dem ‚Anschluss' Österreichs ans ‚Reich'; Uraufführung des Dramas *Musik und Leben des Carl Michael Bellmann* im Schauspielhaus Zürich; die Erzählung *Herr über Leben und Tod* und die autobiografische Schrift *Pro Domo* erscheinen in Stockholm.	42
1939	USA	Aberkennung der deutschen Staatsbürgerschaft; Emigration in die USA; Drehbuchautor in Hollywood.	43
1940	USA	Dozent an dem von Piscator geleiteten „Dramatic Workshop" an der Emigrantenuniversität „New School of Social Research" in New York; Autobiografie *Second Wind* in New York und London veröffentlicht.	44
1941–1946	Kanada	Farmer im Staate Vermont (Kanada).	45–50
1945	Stockholm	Novelle *Der Seelenbräu* erscheint in Stockholm.	49

JAHR	ORT	EREIGNIS	ALTER
1946	USA; Schweiz	Amerikanische Staatsbürgerschaft; Rückkehr nach Europa als Zivilangestellter des amerikanischen Kriegsministeriums; das zwischen 1943–45 entstandene Drama *Des Teufels General* wird in Zürich uraufgeführt.	50
1947	Hamburg; Frankfurt a. M.	Deutsche Premiere von *Des Teufels General* in Hamburg und Frankfurt a. M.; Zuckmayer lebt abwechselnd in den USA und Deutschland.	51
1949	Konstanz	*Barbara Blomberg* in Konstanz uraufgeführt.	53
1950	Göttingen	Uraufführung des Dramas *Der Gesang im Feuerofen* im Deutschen Theater in Göttingen.	54
1952	Frankfurt a. M.; Nackenheim	Goethe-Preis der Stadt Frankfurt; Ehrenbürger von Nackenheim.	56
1955	Hamburg	Uraufführung von *Das kalte Licht* im Deutschen Schauspielhaus in Hamburg; Zuckmayer erhält das Große Bundesverdienstkreuz.	59
1956	Schweiz; USA	Übersiedlung nach Saas-Fee (Schweiz); Ehrendoktor an dem Darthmouth College in Hannover, USA.	60
1959	Schweiz	Novelle *Die Fastnachtsbeichte*.	63
1960	Österreich	Großer Österreichischer Staatspreis.	64
1961	Wien; Mainz; Saas-Fee	Uraufführung des Dramas *Die Uhr schlägt eins* in Wien; der Einakter *Kranichtanz* veröffentlicht; Ehrenbürger von Mainz; Ehrenbürger von Saas-Fee.	65
1964	Zürich	Uraufführung des Dramas *Das Leben des Horace A. W. Tabor* in Zürich.	68

JAHR	ORT	EREIGNIS	ALTER
1966		Die Autobiografie *Als wär's ein Stück von mir* erscheint.	70
1967	Zürich	Uraufführung des *Kranichtanz* im Schauspielhaus Zürich; Orden „Pour le Mérite für Wissenschaft und Künste".	71
1972	Düsseldorf	Heinrich-Heine-Preis der Stadt Düsseldorf.	76
1975	Zürich	Uraufführung *Der Rattenfänger* in Zürich.	79
1976		Die Essaysammlung *Aufruf zum Leben. Porträts und Zeugnisse aus bewegten Zeiten* erscheint.	80
1977	Visp	Zuckmayer stirbt am 18. Januar in seinem 81. Lebensjahr in Visp/Kanton Wallis, Schweiz.	80

2.2 Zeitgeschichtlicher Hintergrund

ZUSAMMENFASSUNG

Das Stück spielt zur Zeit des wilhelminischen Reiches. Kaiser Wilhelm II. (1859–1941) wurde 1888 inthronisiert. Er war der letzte deutsche Kaiser und König von Preußen. Wilhelm II. dankte offiziell am 28. November 1918 ab, 19 Tage nach Ausrufung der Weimarer Republik. Die Zeit war stark durch den Militarismus geprägt.

Da Zuckmayer 1896 geboren und das Stück *Der Hauptmann von Köpenick* 1931 uraufgeführt wurde, umfasst die folgende Tabelle historischer Daten aus Weltpolitik, Wirtschaft, Gesellschaft, Naturwissenschaft, Technik, Kunst, Literatur, Philosophie und Musik die ersten drei Jahrzehnte des 20. Jahrhunderts:

Weltpolitik

1899	Haager Friedenskonferenz über die friedliche Belegung internationaler Konflikte; Burenkrieg
1900	Niederschlagung des ‚Boxer-Aufstandes' in China durch die europäischen Großmächte; zweites Flottengesetz des Deutschen Reichstages
1901	Scheitern der deutsch-britischen Bündnisverhandlungen
1905	Erste Marokkokrise
1911	Revolution in China und Sturz der Monarchie; Zweite Marokkokrise
1912	Scheitern der deutsch-britischen Flottengespräche
1914	Beginn des Ersten Weltkrieges
1917	Russische Revolution; Kriegseintritt der USA

1918	Frieden von Bresk-Litowsk zwischen der Sowjetunion und den Mittelmächten; Ende des Ersten Weltkriegs; Revolution in Deutschland; Waffenstillstand; Bürgerkrieg in der Sowjetunion
1922	Vertrag von Rapallo zwischen Deutschland und der Sowjetunion; ‚Marsch auf Rom'; italienische Faschisten unter Mussolini bilden die Regierung
1923	Ruhrbesetzung durch Frankreich (Räumung 1925 beendet); Hitler-Ludendorff-Putschversuch in München
1924	Tod Lenins und Aufstieg Stalins zur Alleinherrschaft
1932	Internationale Abrüstungskonferenz in Genf; Konferenz in Lausanne beschließt Ende der Reparationen
1933	Ernennung Hitlers zum Reichskanzler

Wirtschaft und Gesellschaft

1900	Bürgerliches Gesetzbuch tritt in Kraft; Eröffnung der Métro in Paris
1901	Frauenstudium in Baden zugelassen
1911	Einführung der Angestelltenversicherung in Deutschland
1912	Treffen der Jugendbewegung auf dem Hohen Meißner; Einführung des Fließbandes bei Ford
1918	Achtstundentag in Deutschland; Wahlrecht für Frauen im Deutschen Reich
1923	Inflation und Währungsreform
1927	Einführung der Arbeitslosenversicherung in Deutschland
1928	Ruhreisenstreit
1932	Über sechs Millionen Arbeitslose in Deutschland
1933	Beginn der starken Emigration aus Deutschland, verursacht durch den nationalsozialistischen Terror

Naturwissenschaft und Technik

1902	Drahtlose Atlantikverbindung
1902	Erster bemannter Motorflug
1905	Albert Einsteins Relativitätstheorie
1908	Erstes deutsches Fernsprech-Ortsnetz für Selbstwähler
1911	Amundsen als Erster am Südpol; Rutherfords Atommodell
1912	Untergang der ‚Titanic‘
1923	Erste regelmäßige Rundfunksendung in Deutschland
1927	Atlantikflug von Charles Lindbergh
1928	Erste Versuchssendung des Fernsehens in Berlin

Kunst, Literatur, Philosophie und Musik

1900	Freuds *Traumdeutung*
1905	Gründung der Künstlervereinigung ‚Brücke‘ in Dresden
1909	Marinettis *Futuristisches Manifest*; Schönbergs ‚Drei Klavierstücke‘, op. 6
1910	Kandinsky malt sein erstes abstraktes Bild
1911	Gründung der Künstlervereinigung ‚Der Blaue Reiter‘ in München
1917	Gründung der Universum-Film AG (Ufa)
1918	Gründung des ‚Staatlichen Bauhauses‘ in Weimar durch Gropius
1929	Gründung des ‚Museums of Modern Art‘ in New York
1930	Eröffnung des Hauses des Rundfunks in Berlin

2.3 Angaben und Erläuterungen zu wesentlichen Werken

ZUSAMMENFASSUNG

In seinem ersten großen Bühnenerfolg *Der fröhliche Weinberg* (1925) griff Zuckmayer auf die Tradition des ‚Volksstücks' zurück.
Dies gilt auch in gewisser Weise für seinen zweiten Erfolg *Der Hauptmann von Köpenick*.
Nach dem Zweiten Weltkrieg eroberte Zuckmayer mit *Des Teufels General* die deutsche Nachkriegsbühne.

Der fröhliche Weinberg – dramatischer Neubeginn des Expressionismus

Carl Zuckmayer war einer der erfolgreichsten Dramatiker der Weimarer Republik. Zwar scheiterte er zunächst mit seinem noch stark vom Expressionismus angeregten Stück *Kreuzweg*, aber schon mit seinem ‚Lustspiel in drei Akten', dem *Fröhlichen Weinberg*(1925), gelang ihm der Durchbruch als Dramatiker und sein erstes großes Erfolgsstück, das ihm den hoch angesehenen Kleist-Preis einbrachte. Dieses rheinhessische Volksstück galt als dramatischer Neubeginn nach dem Expressionismus (Alfred Kerr in einer Rezension: „sic transit gloria expressionismi…"). Zuckmayer fand mit diesem Stück zu der ihm eigentümlichen Form. Er ließ sich durch die Dialektkomödie Niebergalls *Der Datterich* und die Tradition des Volksstücks anregen und „verband eine traditionelle, schwankhafte Liebesintrige mit rheinhessisch-derbem Vitalismus und aktuellen satirischen Seitenhieben auf völkische Klischees, versoffene Veteranen der Kolonialkriege, jüdische Weinhändler und steife (bestechliche, reaktionäre) Bürokraten."[1] Die an Gerhart Hauptmann ge-

Anregung durch Tradition des Volksstücks

1 Meid, Volker: *Metzler Literaturchronik. Werke deutschsprachiger Autoren*, S. 549

schulte Realistik verbot es Zuckmayer, das Volksstück zum possenhaften Theater verkommen zu lassen. Realistische und vitalistische Züge verband Zuckmayer auch in seinem nächsten Stück miteinander: Er schilderte in der Form eines moritatenhaften Bilderbogens das Leben des *Schinderhannes* (1927). Er stellte einen vitalen Volkshelden in den Mittelpunkt seines Stückes. Das balladeske Drama zeigt die Rebellion des Titelhelden, des edlen Räubers, gegen soziale Ungerechtigkeit und napoleonisches Militär. „Die hier schon angelegte Tendenz zum Sentimentalischen verstärkte sich noch in dem folgenden Seiltänzerstück *Katharina Knie*. Das dort behandelte Thema der Heimatlosigkeit führte Zuckmayer weiter aus in seinem *Hauptmann von Köpenick*.“[2]

Schinderhannes – vitaler Volksheld im Mittelpunkt

Thema der Heimatlosigkeit

---

2 Wagener: *Carl Zuckmayer*. In: Walter Killy (Hg.): Literaturlexikon. Bd. 12, S. 527

3. TEXTANALYSE UND -INTERPRETATION

3.1 Entstehung und Quellen

ZUSAMMEN-
FASSUNG

Über die Entstehung und die Quellen der Komödie liegt ein autobiografisches Zeugnis von Zuckmayer vor. Demnach erhielt er einen **Hinweis auf die Geschichte des Schusters Wilhelm Voigt** durch seinen Freund **Fritz Kortner**. Er studiert daraufhin die alten **Zeitungsberichte** und **Prozessakten**.

Äußerungen Zuckmayers

Über die Entstehung seines Stückes *Der Hauptmann von Köpenick* berichtet Zuckmayer ausführlich in seiner Autobiografie:

> „Ich hatte die ernste Absicht, den Wunsch [nach einem spielbaren Stück] der generösen Spender [des Anregungspreises der Heidelberger Festspiele] zu erfüllen – mir schwebte als Stoff ein ‚Eulenspiegel' vor, den ich mir als eine poetische Kasperle- oder Wurstl-Komödie in gereimten Versen dachte, und Werner Krauß als den Hauptdarsteller, der sich in zwölf Bildern zwölfmal verwandeln sollte. Ein Jahr lang plagte ich mich mit dieser Konzeption (während ich gleichzeitig ein Kinderstück, *Kakadu-Kakada*, für Gustav Hartungs ‚Deutsches Künstlertheater' in Berlin, eine Bearbeitung des amerikanischen Kriegsstücks *What Price Glory* von Anderson und Stallings für Piscator und das Drehbuch zum *Blauen Engel* für Erich Pommer, den Schrittmacher der UFA und besten deutschen Filmhersteller, schrieb). Aber der Stoff wollte sich mir nicht ergeben. [...] Aber der ‚Eulenspiegel', den ich als meinen Hauptplan betrachtete, kam nicht vom Fleck. Er scheiter-

te, musste scheitern, an der Diskrepanz zwischen dem Vorwurf des alten Volksbuchs, an das ich mich zu halten versuchte, und der Zeitnähe, dem Gegenwartsgehalt, der lebendigen Wirklichkeit, die ich erstrebte. Ich war schon im Begriff, den ganzen Entwurf wegzuschmeißen und mich an eine Tragödie des Vormärz, *Das Hambacher Fest*, zu machen, da wurde mir, mitten im Sommer, die Anregung zu einem Stoff zuteil, an den ich vorher nicht gedacht hatte: der ‚Hauptmann von Köpenick'. Sie kam von Fritz Kortner, meinem alten Freund, der sich meine Bewunderung und Zuneigung durch nichts verscherzen kann.

Anregung zum Stoff durch Freund Fritz Kortner

Kortner dachte zunächst an einen Film, den er inszenieren wollte. [...] Vom ‚Hauptmann von Köpenick' wusste ich nicht mehr als jeder – die Anekdote von seinem Geniestreich im Köpenicker Rathaus, und dass er dann, nach kurzer Gefängnishaft vom Kaiser begnadigt, durch die deutschen Städte reiste und signierte Postkarten mit seinem Bild in Uniform verkaufte: so hatte ich ihn selber bei einer Mainzer Fastnacht im Jahr 1910 gesehen. Noch zögernd ließ ich mir von meinem Verlag die alten Zeitungsberichte und Prozessakten über den vorbestraften Schuster Wilhelm Voigt beschaffen – und plötzlich ging mir auf: das war mein ‚Eulenspiegel', der arme Teufel, der – durch die Not helle geworden – einer Zeit und einem Volk die Wahrheit exemplifiziert.

Zuckmayer lässt sich alte Zeitungsberichte zum Fall Voigt schicken

Denn wenn auch die Geschichte mehr als zwanzig Jahre zurücklag, so war sie gerade in diesem Augenblick, im Jahre 1930, in dem die Nationalsozialisten als zweitstärkste Partei in den Reichstag einzogen und die Nation in einen Uniform-Taumel versetzten, wieder ein Spiegelbild, ein Eulenspiegel-Bild des Unfugs und der Gefahren, die in Deutschland heranwuchsen – aber auch der Hoffnung, sie wie der umgetriebene Schuster durch Mutterwitz und menschliche Einsicht zu überwinden.

Der Fall als Spiegelbild der Gefahren, die in Deutschland 1930 heranwuchsen

Entschluss Zuckmayers, das Stück im Komödienton märchenhaft zu erzählen

Entschlossen, das Stück zu schreiben, machte ich mich von jeder mir vorgeschlagenen Zusammenarbeit frei – Kollaboration und Kollektivwerk haben mir nie gelegen –, auch war mir klar, dass ich den Stoff nur auf meine Art bewältigen könne, nicht ‚die Geißel schwingend', sondern das Menschenbild beschwörend – und zog mich zur Arbeit ins ländliche Henndorf zurück. Von der ursprünglichen Eulenspiegel-Idee blieb der Märchengedanke. Eine Geschichte, auch im Komödienton, märchenhaft zu erzählen, schien mir der Weg, sie über den Anlass hinaus mit überzeitlichem Wahrsinn zu erfüllen. Auf langen Spaziergängen [...] baute ich mir die Szenenfolge zusammen. Aber als ich Anfang September einen Abend mit Max Reinhardt und Helene Thimig, ohne andere Gäste, im Schloss Leopoldskron verbrachte, existierte von dem Stück noch kein niedergeschriebenes Wort. In der Nacht fragte mich Reinhardt, woran ich jetzt arbeite, und plötzlich fing ich an, das Stück zu rezitieren, oder vielmehr: ich spielte es, stundenlang, mit allen Szenen und Figuren, oft von meinen eigenen Einfällen blindlings überrascht, es entstanden noch ungeplante Situationen, Dialoge, Aktschlüsse – das Stück war da. Es hatte, durch Reinhardts magisches Zuhören, mit dem er Menschen in eine Trance der Produktivität steigern konnte, Gestalt angenommen.

Am nächsten Tag erhielt ich von Reinhardts Berliner Direktion, mit der er telefoniert hatte, ein Telegramm: ich möchte sofort das Manuskript schicken, das Stück sollte baldmöglichst in Szene gehen. Ich depeschierte zurück, ich müsse es erst noch schreiben.

Das geschah ohne Hast, aber auch ohne Stocken, in den nächsten zwei Monaten."[3]

---

3 Carl Zuckmayer: *Als wär's ein Stück von mir. Horen der Freundschaft*. Frankfurt a. M. 1966, zit. nach der Ausgabe 1996, S. 512–514

„Die Wirkung des *Hauptmann von Köpenick* war tiefer und nachhaltiger als die des *Fröhlichen Weinbergs*. Das Stück wurde, von Freund und Feind, als das Politikum begriffen, als das es gemeint war. Und bis jetzt waren die Freunde, wenigstens unter dem Teil der Bevölkerung, der überhaupt ins Theater geht oder liest, noch in der Überzahl. Gerade, dass hier auch die Gegenseite, das Militär vor allem, nicht blindlings verdammt und verteufelt, sondern mit dem Versuch zu dramatischer Gerechtigkeit dargestellt wurde, machte das Stück und sein Anliegen glaubwürdiger und ließ nicht das Misstrauen und den üblen Nachgeschmack aufkommen, den betonte, einseitige Tendenz oder ‚Propaganda' immer verursacht. Es gab keine Theaterskandale, doch wütende Beschimpfungen von Seiten der Nazipresse, vor allem in dem jetzt von Goebbels redigierten Berliner ‚Angriff', der mir, im Hinblick auf eine Szene im Zuchthaus, verkündete, ich werde bald Gelegenheit haben, ein preußisches Zuchthaus von innen kennen zu lernen. Auch wurde mir schon damals – für die kommende Machtergreifung – mit Ausbürgerung, Landesverweisung oder schlichtweg mit dem Henker gedroht. Schmähbriefe kamen – ich warf sie in den Papierkorb und hielt mich an die anderen, die zustimmenden und bestärkenden, die bis zum Schluss in der Überzahl waren. ‚Seit Gogols *Revisor* die beste Komödie der Weltliteratur', hieß es in einem spontanen Brief von Thomas Mann, den er mir nach dem Besuch der Aufführung geschrieben hatte. Das war für uns noch die Stimme Deutschlands – nicht das hysterische Geschrei der Hetzredner im Sportpalast."[4]

Das Stück wurde von Freund und Feind als Politikum aufgegriffen

„Diese Aufführungen [des *Hauptmann von Köpenick*] liefen in ganz Deutschland weiter, fast zwei Jahre lang, bis zum Ende des

---

4 ebd., S. 517 f.

Januar 1933. Wenn man das Lachen und die Zustimmung des Publikums in den immer ausverkauften Häusern hörte, konnte man fast vergessen, was draußen auf der Straße vorging und was sich im Reich zusammenbraute. Dort gab es nichts mehr zu lachen. Wer durch Berlin fuhr, sah in jedem Bezirk, besonders in den östlichen und nördlichen Stadtteilen, lange Schlangen von Männern anstehen, die elend aussahen. [...] Das waren die ‚Stempelbrüder', deren Schar mit der Zeit immer größer, deren Anblick immer erbärmlicher wurde."[5]

Aspekte des Stückes

Fasst man die Aussagen von Zuckmayer über seinen *Hauptmann von Köpenick* zusammen, so ergeben sich interessante Aspekte auf das Stück:

→ *Der Hauptmann* trägt Züge eines **Eulenspiegels**; seine Tat hat den Charakter einer Eulenspiegelei, mit der einer **Gesellschaft ein Spiegel vorgehalten wird**.

→ Das Stück trägt **Züge eines Drehbuches**.

→ Zuckmayer sieht in seinem Stück einerseits eine **Zeitsatire**, die sich gegen die **militaristischen Auswüchse der wilhelminischen Gesellschaft** wendet (Uniform-Taumel), andererseits will er aber auch das **Märchenhafte** wahrgenommen sehen, den **‚überzeitlichenWahrsinn'** des Stückes.

→ Die **satirischen Züge** seines Stückes sind nicht so ausgeprägt, dass es als ein einseitiges Tendenzdrama oder als ‚Propaganda' zu verstehen wäre. Das Militärische wird nicht verteufelt oder blindlings verdammt, aber auch das nimmt dem Stück nicht den Charakter eines ‚Politikums'.

---

5 ebd., S. 519 f.

3.2 Inhaltsangabe

ZUSAMMEN-FASSUNG

Hauptmann von Schlettow probiert in einem Potsdamer Geschäft seine neue Uniform an, während **der gerade aus dem Gefängnis entlassene Voigt** als Bettler hinausgeworfen wird. Voigt, der weder Arbeit noch eine Aufenthaltsgenehmigung hat und das eine nicht ohne das andere bekommen kann, **wird aus Verzweiflung wieder kriminell** und bricht mit Kalle in einem Polizeirevier ein. Dafür kommt er wieder ins Zuchthaus. Als er nach zehn Jahren entlassen wird, versichert ihm der Direktor, dass die militärische Ausbildung, die er im Gefängnis erfahren hat, ihm eines Tages noch einmal von Nutzen sein werde. Voigt findet Aufnahme bei seiner Schwester und deren Mann Friedrich Hoprecht, einem kleinen Beamten. Doch Voigts erneuter Versuch, im Leben Fuß zu fassen, scheitert abermals. Voigt wird ausgewiesen. Nun kauft sich Voigt in Krakauers Kleiderladen **eine gebrauchte Hauptmannsuniform**, hält einen Trupp Soldaten an, zieht mit ihnen zum Köpenicker Rathaus, nimmt dort den Bürgermeister gefangen und lässt ihn zur Wache nach Berlin befördern. Voigt muss erkennen, dass es in dem Rathaus keine Passabteilung gibt, er sich also die dringend benötigte Bescheinigung dort nicht ausstellen lassen kann. **Voigt bedient sich der Gemeindekasse**, entlässt die Soldaten und stellt sich der Polizei unter der Bedingung, dass er nach seiner Entlassung einen Pass enthält.

Erster Akt

Erste Szene: Uniformladen in Potsdam

Im Uniformladen Wormsers hatte Schlettow die Anfertigung einer Uniform in Auftrag gegeben und probiert sie nun an. Voigt tut wie zufällig einen Blick in den Laden.

Hauptmann von Schlettow begutachtet die von ihm bestellte Uniform

Die Bühne zeigt das Innere von A. Wormsers Uniformladen. Die Schaufenster sind mit Uniformstücken, Helmen, Mützen, Säbeln, Lackreitstiefeln usw. dekoriert. Ferne Militärmusik einer vorbeimarschierenden Militärkapelle begleitet die ganze Szene. In dem Laden unterhalten sich der Gardehauptmann von Schlettow, der Zuschneider Wabschke und der schließlich hinzukommende Königlich-Preußische Hoflieferant und Besitzer des Uniformgeschäfts, Adolf Wormser, über die Uniform, deren Anfertigung von Schlettow bei Wormser in Auftrag gegeben hat. Bei der Anprobe bemerkt er, dass die ‚Gesäßknöppe' nicht ordnungs- bzw. vorschriftsgemäß sitzen, so dass schließlich Wormser bereit ist, die Uniform geringfügig abzuändern, da von Schlettow sein Beharren auf der Ordnung damit begründet, dass man gerade „an den Kleinigkeiten, daran erkennt man den Soldaten. Darauf is alles aufgebaut, da steckt 'n tieferer Sinn drin, verstehnse? Genau dieselbe Sache wie mit 'n Stechschritt. Leute glauben immer, is Schikane. Is keene Schikane, steckt auch tieferer Sinn drin, das muss man nur kapieren, verstehnse?" (S. 10)

Beschreibung Wilhelm Voigts, der den Laden betritt

Noch während dieses Gespräches ertönt die Ladenglocke und Wilhelm Voigt schaut „wie erstaunt in den Laden". Er ist eine „schmächtige Gestalt, mager und etwas gebückt, leicht angedeutet O-Beine, hohles Gesicht mit starken Backenknochen, grauer Schnurrbart, fahle Hautfarbe. Er trägt einen alten, aber nicht zerlumpten dunklen Anzug. Hemd ohne Kragen, steifen Hut, grobe Stiefel, in der Hand ein verschnürtes Paket."(S. 11) Auf die Frage Wormsers hin, was er wolle bzw. ob er etwas abzugeben habe, verneint Voigt und schließt umgehend die Ladentür hinter sich zu. Von Schlettow kommentiert die Erscheinung Voigts, er sehe aus wie eine „Leiche auf Urlaub" (ebd.); und Wormser witzelt, vielleicht habe sich der ärmlich gekleidete Mann eine Gardeuniform bestellen wollen. Nach kurzer Zeit erscheint Voigt erneut an der Ladentür. Diesmal betrachtet er interessiert die im Schaufenster ausgestellten Stiefel. Auf die Frage von Wormser hin, was er denn nun schon wieder wolle bzw. was er denn hier zu suchen habe, stottert Voigt, er wolle sich nur einmal erkundigen, wird aber sogleich von Wormser des Geschäftes verwiesen mit dem Hinweis, hier sei das Betteln verboten. Nachdem Voigt rasch die Ladentür wieder geschlossen hat, kommentiert Wormser sein Erscheinen mit der Bemerkung: „Die Kerle sin heutzutage so frech wie die Schmeißfliegen." (S. 12)

Voigt wird des Geschäftes verwiesen

Zweite Szene: Polizeibüro in Potsdam

Voigt, gerade aus dem Gefängnis entlassen, bittet im Polizeibüro um eine Aufenthaltserlaubnis, die ihm jedoch nicht ausgestellt werden kann, da er dazu ein Arbeitsverhältnis vorweisen muss.

Voigt, gerade aus dem Gefängnis entlassen, steht unter Polizeiaufsicht, hat zur Zeit keinen festen Wohnsitz, da er zunächst eine Aufenthaltserlaubnis ausgestellt bekommen muss. Das ist auch der Grund, warum er das Polizeibüro aufsucht. Voigt macht gegenüber dem Oberwachtmeister folgende Angaben zu seiner Person: Er heißt mit Vornamen Wilhelm, ist sechsundvierzig Jahre alt, in Klein-Pinchow geboren, von Beruf Schuster, vorbestraft im Wiederholungsfall, zuletzt hat er wegen Posturkundenfälschung fünfzehn Jahre im Zuchthaus gesessen (s. S. 14). Um einem Mädchen aus der Hotelküchenbranche zu helfen, hatte er dreihundert Mark bei der Reichspost unterschlagen. Nach Verbüßung der Haftstrafe ging Voigt nach Böhmen, dann nach Bukarest, um bei dem jüdischen

Angaben zu Voigts Person und seiner Strafgeschichte

Schuhfabrikanten Wonkrowitz zu arbeiten. Schließlich packte ihn aber doch die „Sehnsucht nach zu Hause" (s. S. 15), dass er nach Deutschland zurückkehrte. Erneut wurde er zu fünfzehn Monaten Gefängnis wegen Melde- und Passvergehen, Irreführung der Behörden und versuchter Urkundenfälschung verurteilt. Voigt war erneut straffällig geworden, weil er nicht länger seine Vorstrafe „wie de Neese ins Jesicht" mit sich herumschleppen wollte. Er wollte unter dem Namen Friedrich Müller ein neues Leben beginnen. Nach Absitzen der fünfzehn Monate will Voigt wieder in einer Schuhfabrik für Militärstiefel arbeiten, weil er im Zuchthaus bereits „in de Maschinenarbeet" (S. 17) ausgebildet worden ist. Er braucht aber, um eine Arbeitserlaubnis zu bekommen, eine Aufenthaltserlaubnis. Der Oberwachtmeister kann jedoch eine solche Aufenthaltserlaubnis nur dann ausstellen, wenn Voigt ihm ein Arbeitsverhältnis nachweisen kann. Auch Voigts Bitte, ihm einen Pass auszustellen, kann der Oberwachtmeister nicht erfüllen. Für einen Pass muss sich Voigt an seine Heimatbehörde wenden, die ihn aber seit zwanzig Jahren aus ihrem Melderegister ausgestrichen hat. Die Potsdamer Polizeibehörde ist für Passangelegenheiten nicht zuständig. Voigt beschreibt das Dilemma, in dem er sich befindet: „Wenn ick nich jemeldet bin, krieg ick keene Arbeet, und wenn ick keene Arbeet habe, da darf ick mir nich melden."

Voigts Dilemma: Ohne Aufenthaltserlaubnis keine Arbeitserlaubnis

Der Oberwachtmeister will zwar Voigts Gesuch um Arbeitserlaubnis weitergeben, sieht sich aber nicht im Stande, es zu befürworten. Schließlich macht Voigt den verzweifelt ironischen Vorschlag, man möge ihn doch dann gleich wieder ins Gefängnis „zuricktransportieren" (S. 18), woraufhin ihn der Oberwachtmeister aus der Polizeiwache mit einem barschen „Raus" verweist.

Dritte Szene: Im Café National

Von Schlettow in Zivil und der Arzt Jellinek unterhalten sich in dem Café National, in dem sich auch Voigt und Kalle, der aus dem Gefängnis entlassen worden ist, befinden. Kalle bietet Voigt an, mit ihm ‚ein Ding zu drehen'. Voigt willigt nicht ein.

Wilhelm Voigt und der bedeutend jüngere Paul Kallenberg sitzen an einem Sonntagvormittag im Café National in der Friedrichstraße, in dem auch der Billardclub ‚Bonne Queue' untergebracht ist. Von Schlettow in Zivil und der Arzt Dr. Jellinek sind Mitglieder dieses Clubs und spielen mit anderen im Hinterzimmer ihre Partie Billard. Außerdem sitzen in dem Lokal „stur und gelangweilt" (S. 19) einige Prostituierte. Voigt hat die Nacht zunächst beim Bahnhof Wannsee auf einer Bank, später dann, als es ihm zu kalt wurde, in einem Wartesaal am Bahnhof Zoo zugebracht. Der ebenfalls aus dem Gefängnis entlassene Kalle will „soon Ding drehn", aber Voigt lässt sich zunächst nicht zu einer kriminellen Handlungen bewegen, er glaubt immer noch daran, sein Geld dadurch zu verdienen, dass er „arbeetet" (S. 22), zwar nicht bei einem selbstständigen Handwerksmeister, aber als „Maschinenfutter in de Industrie" (ebd.). Von Schlettow und Jellinek verlassen das Hinterzimmer, um sich getrost „'n Schnaps zu verpassen" (S. 23). Der Hauptmann fühlt sich in seiner Zivilkleidung unwohl. „In Uniform, da geht's ja, da macht man Figur, das gibt 'n kolossalen Halt, da is man 'n ganz anderer Kerl" (S. 24).

Voigt glaubt daran, ehrlich Geld verdienen zu können

Von Schlettow fühlt sich ohne seine Uniform unwohl

Ohne Uniform kommt sich von Schlettow beinahe nackt vor, „wie ne halbe Portion ohne Mostrich"; und er versucht diese Haltung dadurch zu erklären, dass er einer Familie entstammt, die seit dem Siebenjährigen Krieg Offiziersfamilie gewesen sei und in der es sein Vater bis zum kommandierenden General gebracht habe. So sei es seine „Lebensaufgabe", kein „Stäubchen aufn bunten Rock" (S. 24) zu bekommen. Während dieses Gesprächs kommt eine halbseidene Dame, die Prostituierte Plörösenmieze, in das Cafe. Jellinek kennt sie, was von Schlettow etwas degoutiert zur Kenntnis nimmt (s. S. 25). Die Plörösenmieze schlendert an den Tisch von Jellinek und von Schlettow, wird aber dort abgewiesen, als sie von beiden freigehalten werden will, sie wendet sich dann an den Tisch, an dem Kalle und Voigt sitzen. Ihnen bietet sie ihre Liebesdienste an; zunächst Kalle, dann „Jroßvatern" (S. 29) Voigt; als aber ein stark angetrunkener Gardegrenadier zusammen mit einem „ziemlich beduselten Zivilisten" (S. 30) im Cafe erscheint, widmet sie ihre Aufmerksamkeit dem Grenadier.

Auseinandersetzung um ein Prostituierte zwischen von Schlettow und einem Grenadier

Der Zutritt zum Café National ist eigentlich dem Militär untersagt, deshalb mischt sich von Schlettow in die zwischen dem Grenadier und Kalle entbrannte Streitigkeit ein. Als der Grenadier sein Seitengewehr gegen Kalle gezogen hat, der über ihm ein Bierglas ausgegossen hatte, springt von Schlettow dazwischen: „Das kann ich nich mit ansehn!" (S. 32) und fordert den Grenadier auf, ihm zu folgen, nachdem er sich diesem als Hauptmann im ersten Garderegiment zu erkennen gegeben hat. Für den Grenadier ist von Schlettow, der in Zivil das Café betreten hat, nichts als „'n deemlicher Zivilist" (ebd.). Die Auseinandersetzung steigert sich bis zur handfesten Schlägerei, die erst durch einen durch die Plörösenmieze herbeigerufenen Polizisten beendet wird, der kurzerhand die beiden Kontrahenten abführt, ohne sich dadurch beeindrucken zu lassen, dass auch ihm gegenüber von Schlettow darauf verweist, er sei Hauptmann im ersten Garderegiment, was Jellinek sogar zu legitimieren bereit ist. Voigt zieht aus der Begebenheit, die er hat beobachten können, gegenüber Kalle den Schluss: „Kalle – wat hab ick immer jesagt? Wie der Mensch aussieht, so wird er anjesehn" (S. 33).

Vierte Szene: Personalbüro der Engros-Schuhfabrik ‚Axolotl'

Voigt kümmert sich um eine Arbeitsstelle in einer Schuhfabrik, wird aber dort abgewiesen, weil er keine ordentlichen Papiere vorweisen kann.

Voigt kümmert sich um eine Arbeitsstelle in der Schuhfabrik, da er glaubt, dass er als „oller Knastschieber" nur in „de Industrie" (S. 22) eine Anstellung finden kann, weil Handwerksmeister auf junge Gesellen mit einem ordentlichen Gewerbeschein zurückgreifen können (s. ebd.). So wendet sich Voigt an den Prokuristen, wird aber dort abgewiesen, da er keine Papiere, die polizeiliche Anmeldung, vorweisen kann. Knells Kommentar: „Ohne ordentliche Papiere kann ich Sie nicht einstellen. Wo käm man denn da hin. Hier herrscht Ordnung! Jeder Mann muss seinen Stammrollenauszug in Ordnung haben; wennse gedient hätten, wär Ihnen das in Fleisch und Blut übergegangen" (S. 36). Mit der bissig-witzigen Entgegnung: „Ick hab jedacht, hier wär ne Fabrik. Ick hab nich jewusst, dass det hier ne Kaserne is" kontert Voigt und wird daraufhin mit einem „Raus! Frecher Mensch!!" (S. 36) vor die Tür gesetzt. Voigt hat aber dazugelernt, denn bevor er den Prokuristen nach Arbeit fragte, musste er erleben, wie dieser einen Arbeitssuchenden ohne weiteres großes Nachfragen annahm, nur weil dieser „von 1899 auf 1901" (S. 35) gedient hatte und als „G'freiter der Reserve" entlassen wurde (ebd.).

Ohne Papiere bekommt Voigt keine Anstellung

Fünfte Szene: Elegant möbliertes Zimmer in Potsdam

Von Schlettow will seinen Dienst quittieren, weil er im Café National in eine handgreifliche Auseinandersetzung mit einem betrunkenen Grenadier geraten war und zusammen mit diesem von der Polizei abgeführt wurde.

Von Schlettow erklärt seinem Burschen Deltzeit, dass dieser in seine Kompanie zurückkommen werde, denn von Schlettow sieht sich dazu gezwungen, seinen Dienst zu quittieren. Er begründet seine Entscheidung Deltzeit gegenüber: „Wenn einem Offizier so was passiert, in einem öffentlichen Lokal, da gibt's nur eine Konsequenz: Abschied einreichen" (S. 37). Von Schlettow spielt mit dieser Erklärung auf den Vorfall im Café National an, wo er in die handgreifliche Auseinandersetzung mit einem betrunkenen Grenadier geriet und schließlich zusammen mit diesem von der Polizei abgeführt wurde. Trotz allen Einredens von seinem Burschen und später auch von Wabschke bleibt von Schlettow bei seinem Entschluss, den Abschied einzureichen, und weist deshalb auch die nachgearbeitete Uniform, die ihm Wabschke bringt, ab. Wabschke nimmt sie ungetragen in Wormsers Uniformladen zurück, wo sie Wormser in Kommission übernehmen soll. Von Schlettow, wie er mit erzwungener Heiterkeit sagt (s. S. 35), hat seinen Plan geändert und will in Zukunft „'n bisschen Landwirtschaft betreiben. Hatte schon immer so was vor. Kleine Erbschaft, Kornklitsche, Pferdezucht, is ja viel besser, aus mitn bunten Rock" (S. 38 f.).

Von Schlettow will Abschied einreichen und benötigt deshalb die nachgearbeitete Uniform nicht mehr

Sechste Szene: Herberge zur Heimat im Berliner Norden

In einer Herberge im Berliner Norden entwickelt Voigt seinem Freund Kalle den Plan, ins Potsdamer Polizeirevier einzubrechen, um dort an die benötigten Papiere zu kommen.

Unter der Kontrolle des Herbergsvaters versammeln sich in der ‚Herberge zur Heimat' ‚Pennbrüder' aus den unterschiedlichsten Gebieten Deutschlands, wie dem von ihnen jeweils gesprochenen Dialekt zu entnehmen ist. Auch Kalle und Voigt suchen ihr Nachtquartier in der Herberge. Voigt entwickelt Kalle gegenüber seinen Plan, ins Potsdamer Polizeirevier einzubrechen, um zum einen dort

Voigt unterbreitet Kalle seinen Plan, einen Pass zu stehlen, um Arbeit zu bekommen

seine „Personalakte“ und damit sein aktenkundig gewordenes Vorleben zu vernichten („det brauch ick nur in Ofen zu stecken, denn is et wech“), zum anderen, um sich dort die nötigen Passpapiere zu besorgen. (Dort „hamse richtige scheene Pässe [...] liegen, zum Überschreiben oder Verlängern, und ‘n Dienststempel und Stempelmarken und Stempelpapier, da findste alles, watste zum Leben brauchst.“, S. 44) Kalle willigt ein mitzumachen, bedingt sich aber aus, dass er sich die Kasse schnappen darf. Voigt ist an der Kasse nicht interessiert, ihm geht es lediglich darum, „rieber“ (ebd.) zu machen, d. h. in Prag oder „Budweis“ eine Stelle in einer Schuhfabrik zu erhalten, also „von vorne anzufangen“ (S. 44). Er warnt Kalle noch davor, einen gestohlenen Revolver mitzunehmen.

Im Verlaufe des Abends erscheint eine Patrouille unter dem Vizefeldwebel, die die Ausweise der Pennbrüder kontrollieren will. Voigt erklärt dem Feldwebel, warum er sich nicht ausweisen kann. Der Feldwebel ermahnt ihn lediglich, sich sobald als möglich um die Beschaffung der Papiere zu kümmern. Ein Gefreiter hat in einem der in der Herberge Nächtigenden Gebweiler, der – wie sich herausstellt – desertiert ist, wiedererkannt und verrät ihn nun dem Feldwebel, der daraufhin den noch jugendlichen Gebweiler abführt. Aufgebracht über das abgeführte Kind, flucht der anarchistische Zeck: „Vafluchte Lausebande. Wenn’s nach mir ginge, ick würde de janzen Kasernen in de Luft sprengen, und de Zuchtheiser, und ‘n Reichstach und ieberhaupt allens“ (S. 52). Der Herbergsvater beschwichtigt ihn: „Ordnung muss sind“ (ebd.). Voigt zieht aus allem die Konsequenz: „Ick muss ’n Pass haben, Kalle, ick muss hier raus“ (ebd.).

Siebte Szene: Uniformladen in Potsdam

Wormser liest vom nächtlichen Einbruch ins Polizeirevier, bei dem es zu einer Schießerei gekommen sei und die beiden ehemaligen Zuchthäusler verhaftet worden seien. Dr. Obermüller betritt die Schneiderei und kauft wegen seiner Beförderung zum Leutnant der Reserve jene Uniform, die von Schlettow in Kommission gegeben hat.

Missglückter Einbruch im Polizeirevier

Wormser liest in einer Tageszeitung vom nächtlichen Einbruch ins Potsdamer Polizeirevier, bei dem die Kasse gestohlen werden sollte und bei dem es zu einer Schießerei gekommen sei. Zwei „alte Zuchthäusler" (S. 53) seien bei dem Einbruch erwischt und verhaftet worden. Demnach ist Voigts Plan gescheitert, und er wird zu einer erneuten Haftstrafe verurteilt werden.

Der Kommunalbeamte, Dr. Obermüller, betritt den Uniformladen. Er ist zum Leutnant der Reserve befördert worden, eine Beförderung, die – wie er sagt – für seine künftige „Laufbahn natürlich außerordentlich wertvoll" (S. 54) ist. Er trägt noch die Uniform eines einjährigen Vizefeldwebels. Wormser kommentiert die Beförderung mit den Worten: „Wissen Sie, ich sage immer: Vom Gefreiten aufwärts beginnt der Darwinismus. Aber der Mensch, der Mensch fängt erst beim Leutnant an" (ebd.). Um „etwas vorzustellen im neuen Glanz" (ebd.), benötigt Obermüller umgehend eine neue Uniform. Wormser bietet ihm jene Uniform an, die von Schlettow in seinem Laden in Kommission gegeben hat, da er selbst hat „quittieren müssen" (S. 55). Obermüller kauft die Uniform, nachdem er sich mit ihr im Spiegel betrachtet und sein Aussehen mit den Worten kommentiert hat: „So ne Uniform hebt entschieden" (S. 56).

Obermüller kauft von Schlettows alte Uniform

Zweiter Akt

Achte Szene: Zuchthauskapelle in Sonnenburg

Voigt sitzt in Haft und brilliert mit seinen militärischen Kenntnissen im Gefängnisunterricht.

In der Zuchthauskapelle der preußischen Strafanstalt Sonnenburg, wo Voigt seine Haft absitzt, wird statt der Predigt des Anstaltsgeistlichen von dem Zuchthausdirektor eine Gedenkrede aus Anlass des vierzigsten Jahrestages des Sieges der Deutschen in der Schlacht bei Sedan gehalten und im Anschluss daran vom Direktor eine militärische Übung inszeniert, bei der vor allen anderen Voigt sich mit seiner Sachkenntnis im militärischen Bereich und seinen erworbenen Kenntnissen um die Militärgeschichte hervortut. Der Direktor belobigt Voigt („Ein Jammer, dass es zu spät ist, Voigt! Sie sind der geborene Soldat, trotz Ihrer O-Beine.“, S. 63), der in wenigen Tagen nach zehn Jahren seine Haftstrafe ‚abgesessen‘ hat, und versichert ihm, die erworbenen militärischen Kenntnisse würden ihm im späteren Leben von Nutzen sein.

Nach zehn Jahren Haft steht Voigt kurz vor seiner Entlassung

Neunte Szene: Die Wohnstube bei Hoprechts in Rixdorf
Voigt ist aus dem Zuchthaus entlassen worden und findet bei seiner Schwester und seinem Schwager eine vorläufige Unterkunft.

Voigt ist aus dem Zuchthaus entlassen worden und findet bei seiner Schwester Marie für die erste Zeit Unterkunft. Marie ist mit einem kleinen Beamten verheiratet. Er wäre zwar lieber aktiver Soldat geblieben, aber stattdessen hat man einen Laden einer Tante übernommen. Er soll am nächsten Tag zu einer Landwehrübung einrücken, bei der er zum Vizefeldwebel befördert werden soll. Als Voigt die Wohnung betritt, ist Marie damit beschäftigt, die Knöpfe des Uniformrocks ihres Mannes auf Hochglanz zu polieren. Hoprecht selbst zeigt seinem Schwager Wilhelm den Portepeesäbel, den er sich bereits für seine Beförderung gekauft hat, aber im Schrank noch versteckt hält. Hoprechts haben ein fünfzehnjähriges Mädchen, das in der Weißzeugnäherei gearbeitet hat, bei sich zur Untermiete aufgenommen. Sie ist an Lungentuberkulose erkrankt und liegt bereits seit drei Monaten im Krankenbett und ist seit dieser Zeit Hoprechts die Miete schuldig. Voigt will sich erneut um Arbeit bemühen, fürchtet aber, wieder von den Behörden daran gehindert zu werden. Hoprecht ist jedoch sehr zuversichtlich: „Arbeit wirste schon finden. Heut sinse nich mehr so“ (S. 68). Er ermahnt Voigt, sich man „auf de Hinterbeine zu stellen und ’n Kopp oben zu halten“ (S. 69). Voigt ist skeptisch. Vor zehn Jahren habe er noch „raus“ (ebd.) gewollt, jetzt sei er „todmüde“ [...] „Wenn’s nochmal losginge – so runter – denn wär’s nämlich aus. Denn gäb’s ‘n Malör“ (ebd.). Hoprecht ist nicht bereit, Wilhelm Voigt auf illegalem Wege in seiner Behörde die Papiere zu besorgen. „So wolln wir jetzt auch gar nicht anfangen, was? Da musste den richtigen Weg einschlagen, denn klappt das auch. Hintenrum, das wär ein Delikt! Und was dir zusteht, das kriegste, dafür sind wir in Preußen“ (S. 71).

Hoprecht ermahnt Voigt, den ehrlichen Weg einzuschlagen

Zehnte Szene: Schlafzimmer des Bürgermeisters Obermüller in Köpenick

Obermüller ist zum Bürgermeister von Köpenick befördert worden und will an einem Kaisermanöver teilnehmen. Von Schlettows Uniform erweist sich als zu klein, so dass er bei Wormser eine neue Uniform in aller Eile nachliefern lässt. Die alte Uniform gibt er als Anzahlung.

Die alte Uniform kehrt in Wormsers Laden zurück

Obermüller ist inzwischen zum Bürgermeister von Köpenick befördert worden. Er nimmt freiwillig an dem Kaisermanöver teil. Mit den Jahren hat er sich zu seiner Würde auch die entsprechende Beleibtheit zugelegt, so dass die alte schlettowsche Uniform, als er sie anziehen will, in allen Nähten kracht. Wormser liefert in aller Eile eine neue Uniform und erhält dafür die alte, nunmehr ausrangierte schlettowsche Uniform als Anzahlung. Wabschke stellt, als er die Uniform erhält, fest: „Na, fiern Maskenball wird se vielleicht noch jehn“ (S. 77).

Elfte Szene: Gang vor dem Rixdorfer Polizeirevier

Voigt wohnt noch immer bei seiner Schwester und bemüht sich vergeblich auf das Rixdorfer Polizeirevier, um seinen Wohnsitz anzumelden.

Voigt will sich, damit er nicht wieder ausgewiesen wird, beim Polizeirevier in Rixdorf melden, wo er immer noch bei seiner Schwester wohnt. Voigt ist an Zimmer neun verwiesen worden, erhält jedoch keinen Einlass in das Zimmer, dessen Zugang von einem Polizisten bewacht wird. Auf Voigts inständiges Bitten, Einlass zu bekommen, erhält er von dem Polizisten die gleichmütige Antwort: „Setzense sich hin [...] Hier kommt jeder dran, wenn er dran is“ (S. 77 u. 78). Voigt und andere warten vergeblich darauf, noch rechtzeitig in dem Dienstzimmer vorgelassen zu werden.

Voigts Bemühen um Papiere scheitert erneut

In dem Augenblick, wo ein Leutnant mit Adjutantenschärpe in dem Gang auftaucht, zeigt der Polizist äußerste Dienstbeflissenheit. Ein anderer wartender Antragsteller, der die ganze Zeit im ‚Vorwärts‘ gelesen hat, kommentiert das Verhalten des Polizisten mit den Worten: „Nu is aus. Fürs Militär, da hamse nemlich Zeit, da hat ’n Staatsbürjer keine Existenz gegen. Wenn da son flotter Leutnant kommt –“ (S. 80). Der Leutnant verschwindet mit dem Polizisten in Zimmer neun. Als der Polizist erneut erscheint und ein Schild „Heute geschlossen“ an die Tür vom Zimmer neun hängt, schreit Voigt wütend auf: „Ick muss aber rin! Ick muss – Sonst is ja zu spät!!“ (S. 80) Voigt sitzt gebrochen auf der Bank, nachdem die anderen Antragsteller den Raum verlassen haben. Aus dem Zimmer hört man die schreiende Stimme des Offiziers: „... kann ich keine Rücksicht nehmen!“ (S. 80). Voigt lauscht, geht zur Tür und blickt durch das Schlüsselloch.

Zwölfte Szene: Stube mit Bett

Voigt erhält die Anweisung, binnen der nächsten 48 Stunden Rixdorf zu verlassen.

Die Bremer Stadtmusikanten

Noch während Voigt dem lungenkranken Mädchen, das als Untermieterin eine Kammer in der Wohnung seiner Schwester bewohnt, aus dem Märchen der ‚Bremer Stadtmusikanten' vorliest, erreicht ihn der Ausweisungsbefehl. Voigt muss binnen 48 Stunden Rixdorf verlassen. Er sagt dem Mädchen nichts vom Inhalt des Schreibens und liest das Märchen weiter vor: „Komm mit uns, sagte der Hahn – etwas Besseres als den Tod werden wir überall finden." Zuvor hatte er dem Mädchen von seiner Reisen erzählt und dem, was er sich „so ausjedacht" hat (S. 86): „De Erde, die is lebendig, det merkste daran, dass se sich vaändert. Und wat lebendig is, dat will rauf, dat will in de Höhe, dat will nach oben" (S. 83).

Dreizehnte Szene: Erhöhte Ehrenloge im großen Festsaal bei Dressel

Wormser ist zum Kommerzienrat ernannt worden und präsidiert den Kaisermanöverball, bei dem seine Tochter in der Uniform von Schlettows ein Couplet vorträgt. Durch eine Ungeschicklichkeit von Wormsers Sohn wird die Uniform dermaßen beschädigt, dass sie beim Trödler landet.

Die Uniform wird unbrauchbar

Adolf Wormser ist zum Kommerzienrat ernannt worden. Er präsidiert den Kaisermanöverball, bei dem seine Tochter Auguste Viktoria in der ehedem schlettow-obermüllerschen Uniform ein Couplet vorträgt, das das ganze Offizierskorps entzückt. „Die Uniform spannt über ihrer wohlgerundeten Figur, etwas zu blonde Haare quellen kokett unter der Offiziersmütze hervor" (S. 87). Willy, Wormsers Sohn, „trägt Husarenuniform im elegantesten Offiziersschnitt, er ist aber nur Gefreiter und macht eine recht klägliche Figur" (ebd.). In seiner Ungeschicklichkeit passiert es ihm, dass er, um dem Rittmeister von Schleinitz über den Tisch hinweg Feuer zu geben, den Sektkübel, sämtliche Sektgläser, die Kompottschüsseln und Blumenvasen umreißt, so dass sich alles auf Augustes und Frau Kesslers Kleider ergießt (s. S. 93). So wird die schon ausgemusterte Hauptmannsuniform nach einem vergeblichen Reinigungsversuch mit heißem Wasser endlich für den Trödler bestimmt: „Die schöne Uniform! Jetzt kannse zum Trödler" (ebd.). Auguste stimmt diesen Worten ihres Vaters unter hysterischem Lachen zu: „Da gehört se auch hin!" (ebd.)

Vierzehnte Szene: Hoprechts Wohnung

Hoprecht hat die erwartete Beförderung zum Vizefeldwebel nicht erhalten, was Voigt, der von der Beerdigung der jungen Untermieterin der Hoprechtschen Wohnung zurückkommt, empört. Voigt will auch den Ausweisungsbefehl nicht akzeptieren.

Friedrich Hoprecht ist ohne die erwartete Beförderung zum Vizefeldwebel aus dem Kaisermanöver zurückgekehrt. Er hat sich damit abgefunden, obwohl er „von Rechts wegen" (S. 95) und auch nach der Auffassung seines Hauptmanns an der Reihe gewesen wäre. Er beschwichtigt sich selbst mit den Worten: „Es is eben nichts geworden. Da is sone neue Verfügung rausgekommen, irgend sone Etatsverkürzung von oben herunter, genau weiß ich's selbst nicht, es hat sich keiner recht ausgekannt. Die aktiven Militäranwärter kommen zuerst, und von den Reservisten dürfen's nur soundso viele sein, das ging dann nach dem Datum des Dienstantritts, kurzum, ich war nicht dabei" (S. 95). Wilhelm Voigt, der von der Beerdigung des mittlerweile verstorbenen Mädchens zurückkommt, erfährt von der Zurücksetzung seines Schwagers. Ihn empört die seinem Schwa-

Voigt ist empört über Ungerechtigkeit des Staates

ger widerfahrene Ungerechtigkeit. Hoprecht aber, in seinem durch nichts zu erschütternden Untertanengehorsam, beschwichtigt ihn. Er meidet jede Form der Empörung gegen den Staat. Wilhelm findet die ausgebliebene Beförderung ebenso wenig gerecht wie seine eigene Ausweisung. Hoprecht ist unerschütterlich in seinem Glauben: „Bei uns kommt immer noch jeder zu Seinem" (S. 97) und meint, man lebe in einer Ordnung und man dürfe sich keinesfalls außerhalb dieser Ordnung stellen. Man müsse sich immer wieder in diese Ordnung „reinfügen" (S. 99). Voigt fragt skeptisch nach: „Wo rein? In Staat? In ne Ordnung? Ohne Aufenthalt? Und ohne Pass?" (ebd.) Hoprecht fasst seine Auffassung in dem Satz zusammen: „'n Mensch biste überhaupt nur, wenn du dich in ne menschliche Ordnung stellst!" (ebd.) Dem hält Voigt entgegen: „Erst der Mensch [...] Und dann de Menschenordnung" (ebd.). Er ist nicht weiter bereit, Fußmatte zu sein, bzw. sein Leben, das ihm Gott gegeben habe und für das er verantwortlich sei, so einfach zu verschenken, dass man ihn widerstandslos ausweisen könne. Hoprecht, „mit Leib und Seele" ein „Beamter und Soldat" (S. 101), ermahnt ihn, nicht „an de Weltordnung" zu pochen. Das ist „Versündigung" (S. 102), Voigt aber bleibt dabei. Er wolle nicht gegen die Weltordnung anrennen, aber auch seinem Schöpfer nichts „schuldig bleiben" (S. 102). Den Ausweisungsbefehl will er so nicht akzeptieren, da ihm ein Stück Heimat zustehe. Hoprecht kommentiert diese Haltung seines Schwagers mit den Worten: „Der Mensch – der Mensch is ja gefährlich!!" (S. 102) Diese Worte spricht er Wilhelm Voigt nach, nachdem dieser sich von Friedrich verabschiedet und seine vorläufige Bleibe bei seiner Schwester endgültig verlassen hat.

Voigt verlässt die Bleibe bei seiner Schwester

Dritter Akt

Fünfzehnte Szene: Krakauers Kleiderladen in der Grenadierstraße

Beim Trödler Krakauer erwirbt Voigt die Hauptmannsuniform.

Beim Trödler Krakauer kauft sich Voigt die Hauptmannsuniform. Von der Uniform selbst sagt der Händler: „Wenn die Uniform kennt allein spazierengehn, ohne dass einer drinsteckt – ich sag Ihnen, jeder Soldat wirdse grießen, so echt isse!“ (S. 103) Voigt, der vorgibt, er brauche die Uniform für einen Maskenball, mustert die Uniform genauestens und wächst gleichsam mit dieser Anziehprobe in die neue, militärische Rolle eines Hauptmann hinein. Er kauft die Uniform mit Säbel, Feldbinde und Mütze.

Die Uniform gelangt in Voigts Hände

Sechzehnte Szene: Allee mit Bank im herbstlichen Park von Sanssouci

Voigt sitzt auf einer Bank im Park von Sanssouci und unterhält sich mit zwei älteren Damen, die ihn für einen Offizier halten.

Voigt sitzt auf der Bank im herbstlichen Park. Neben sich hat er eine verschnürte Pappschachtel, in der sich die Uniform befindet. Voigt sieht „mit stiller Wachsamkeit“ (S. 106) den ‚besseren Leuten‘ beim Spazierengehen im Park zu und beobachtet u. a. ‚Soldat spielende‘ Kinder. Unter den Spaziergängern befinden sich auch Pensionäre, Invaliden und Offiziere, deren Verhalten Voigt interessiert studiert. Am Ende der Szene hat Voigt den Offizierston und das Gehabe der Offiziere schon so weit adaptiert, dass er ernsthaft davon sprechen kann, im Dienst zu sein, und er benimmt sich zwei älteren Damen gegenüber mit einer solchen Höflichkeit, dass diese ihn für einen liebenswürdigen Offizier alter Schule ansehen.

Voigt adaptiert den Offizierston und das Gehabe der Offiziere

Heinz Rühmann als Wilhelm Voigt ersteht die Uniform (Fernsehfilm *Der Hauptmann von Köpenick* von 1956) © Cinetext

Siebzehnte Szene: Halle und Gang mit Abort des Schlesischen Bahnhofs in Berlin

Voigt zieht sich in einer Toilette des Schlesischen Bahnhofs die Hauptmannsuniform an.

Mit seiner beim Trödler erstandenen Uniform in der Pappschachtel unterm Arm betritt Voigt die menschenleere Bahnhofshalle und verschwindet ungesehen in dem Toilettenraum, um ihn als Umkleidekabine zu nutzen. Zwei diensthabende Bahnbeamte unterhalten sich, bis einer der Beamten unbedingt zur Toilette muss, den durch Voigt blockierten Raum jedoch nicht betreten kann, deshalb lauthals flucht. Als Voigt jedoch in der Kleidung des Hauptmanns aus der Toilette tritt, fährt der Beamte furchtsam zusammen, steht unwillkürlich vor dem Hauptmann stramm und antwortet Voigt umgehend auf dessen Frage, wo er gedient habe: „Beim sechsten schlesischen Infanterieregiment" (S. 112). Voigt lässt den anderen Dienstmann seinen Pappkarton zur Gepäckaufbewahrung bringen, und militärisch grüßend verlässt er die Bahnhofshalle.

In der Offiziersuniform wird Voigt sofort akzeptiert

Achtzehnte Szene: Vorhalle mit Treppen im Rathaus von Köpenick

Voigt betritt mit einer kleinen Abteilung von Soldaten das Rathaus von Köpenick, um sich dort einen Pass ausstellen zu lassen, unwissend, dass es in dem Rathaus keine Passabteilung gibt.

In der Vorhalle des Köpenicker Rathauses weist der Stadtschutzmann Kilian eine Wäscherin, die in dem Rathaus einen Pass ausgestellt bekommen will, mit dem Hinweis barsch ab, dass es im Köpenicker Rathaus keine Passabteilung gäbe. „Pässe gibt's auf'm Landratsamt" (S. 114). Während Kilian die Wäscherin mit einem „Raus hier" vor das Flügeltor des Rathauses verweist, später dann noch den Landmann Wendrowitz auf unhöflichste Weise ‚abblitzen' lässt, benimmt er sich äußerst dienstbeflissen und untertänig, als Bürgermeister Obermüller und Stadtsekretär Kutzmann erscheinen. Der Diensteifer steigert sich schließlich zum blinden Gehorsam, als Voigt als Hauptmann auftritt, zackige Kommandos von sich gibt und mit einer „militärisch raschen Gangart" (S. 117) keinen Zweifel an seiner ‚Echtheit' aufkommen lässt. Voigt hatte auf der Straße eine Abteilung von Soldaten unter sein ‚Kommando' gestellt, und er erteilt diesen zu seiner Begleitung abkommandierten Soldaten den Befehl, niemanden in das und niemanden aus dem

Voigt verschafft sich Zutritt zum Köpenicker Rathaus

Rathaus zu lassen, es herrsche Belagerungszustand. Er will von Kilian zum Amtszimmer des Bürgermeisters geleitet werden. Ihn begleiten Voigt, ein Gefreiter und sechs Grenadiere.

Neunzehnte Szene: Amtszimmer des Bürgermeisters
Voigt lässt den Bürgermeister Obermüller verhaften und beschlagnahmt die Stadtkasse.

Keiner zweifelt an Voigts Glaubwürdigkeit

Bürgermeister Obermüller diktiert gerade seinem Stadtschreiber, dass man in Köpenick keine Garnison stationiert habe und somit in Köpenick nicht wie in anderen Gemeinden Rücksicht „auf die Militärbehörde nehmen müsse" (S. 118), als Voigt mit seinen Soldaten das Amtszimmer betritt, Obermüller „auf Allerhöchsten Befehl" verhaften und den Stadtkämmerer die Stadtkasse abliefern lässt. Alles das geschieht ohne großen Widerstand, wenn auch Obermüller zunächst mit den parlamentarischen Folgen droht (s. S. 121). Nur Frau Obermüller, die in die Verhaftungsszene „hereingebraust" (S. 123) kommt, bezweifelt die Legitimation der Verhaftung. Aber ihr Mann beruhigt sie mit den Worten: „Das ist ja ausgeschlossen. Der Mann weiß genau, was er will" (S. 125). Zuvor hat er ihr schon widersprochen, indem er Voigt unterstellt hat, er tue „nur seine Pflicht, hat einfach Befehl" (S. 125). Voigt beendet die Operation damit, dass er die städtischen Polizeibeamten Ruhe und Ordnung unter der vor dem Rathaus aufgeregt zusammengelaufenen Menschenmenge wiederherstellen lässt. Bürgermeister und Stadtkämmerer können so ohne größeres Aufsehen nach Berlin in die Neue Wache gebracht werden. Er selbst verschwindet dann, nachdem er jedem der seine Anordnung widerspruchslos ausführenden Grenadiere aus Mitteln der beschlagnahmten Stadtkasse eine Bockwurst und ein Helles spendiert hat. In aller Beiläufigkeit hat er allerdings zuvor erfahren müssen, dass Köpenick keine Kreisstadt sei und so-

Zweck des Coups wurde nicht erfüllt, da Voigt immer noch keinen Pass bekommen hat

mit über kein Passamt verfüge, womit der eigentliche Zweck seiner Aktion nicht erreicht wurde, was er sich allerdings nicht anmerken lässt, sondern gekonnt überspielt.

Zwanzigste Szene: Aschingers Bierquelle in der Neuen Friedrichstraße

Voigt hat in einer Kneipe übernachtet und erfährt am nächsten Morgen, dass der Vorfall im Köpenicker Rathaus bereits in der Tageszeitung gemeldet und er steckbrieflich gesucht wird.

Früh morgens sitzt Voigt in einer Kneipe. Dort hat er geschlafen. „Von Tischen verdeckt, auf einer schmalen Wandbank, liegt er in seiner alten Kleidung, wie ein Toter hingestreckt" (S. 130). Voigt ist offensichtlich durch die vorangegangenen Ereignisse physisch und psychisch völlig erschöpft. Von den Angestellten des Lokals wird er, der „Penner" (S. 130), wegen seiner Erscheinung äußerst respektlos behandelt. Von einem Chauffeur, der mit einer Zeitung die Kneipe betritt, erfahren die Gäste von dem Vorfall im Köpenicker Rathaus: „Köpenick! Der Hauptmann von Köpenick, also ick bin 'n Berliner, aber det is noch nich dajewesen, da hebste'n Gaul mitn Wagen uff [...] Nee nee, ick hab in Leben nich mehr jelacht!" (S. 132) Alle Gäste des Lokals lachen ebenfalls, nur Voigt selbst ist nicht zum Lachen zumute. Als der Fahrer die Zeitung vor Voigt, der unerkannt bleibt, auf den Tisch klatscht, starrt Voigt zuerst unbeweglich in die Zeitung, reißt sie dann plötzlich an sich und liest, zunächst halblaut, dann immer stiller werdend: „– und so mag dieser tolle Spaßvogel, über den heute die ganze Welt lachen wird, nun schon in Sicherheit sein und die Beute seines fröhlichen Raubzuges lachend genießen ... ‚Ham die ne Ahnung ...'" (S. 133). Der Fahrer liest schließlich noch den Steckbrief, mit dem nach dem Hauptmann von Köpenick gefahndet wird, vor: „Mager und knochig –

Voigt ist durch die Ereignisse physisch und psychisch völlig erschöpft jebeugte Kopfhaltung – schiefe Schulter – bleiches hässliches Jesichte – krankhaftes Aussehen – einjefallene Wangen – vorstehende Backenknochen – tiefliegende Oogen – schiefe knollige Nase – etwas krumme, sojenannte O-Beene – die Hände schmal und weiß" (S. 133 f.). Tolles Gelächter begleitet die Vorlesung des Steckbriefes.

Einundzwanzigste Szene: Vernehmungszimmer im Berliner Polizeipräsidium

Voigt stellt sich im Berliner Polizeipräsidium. Sein Wunsch, sich selbst noch einmal im Spiegel, mit der Hauptmannsuniform bekleidet, zu sehen, wird erfüllt.

Im Polizeipräsidium wird intensiv nach dem steckbrieflich gesuchten Hauptmann gefahndet. Der Kaiser – so geht das Gerücht – sei „gar nich so scharf auf die Sache. Im Gegenteil! Habense den Geheimbericht nich gelesen? Gelacht hat er, wie man's ihm vorgetragen hat, und stolz war er noch drauf! Mein lieber Jago, hat er zum Präsidenten gesagt, da kann man sehen, was Disziplin heißt! Kein Volk der Erde macht uns das nach!" (S. 135)

Voigt stellt sich selbst

Voigt stellt sich schließlich selbst. Er hat die Hoffnung, nachdem er die Strafe abgesessen hat, doch noch die nötigen Papiere zu bekommen, die er braucht. Er macht glaubhaft, dass er der Hauptmann von Köpenick gewesen ist, indem er detailliert sein Vorgehen und die Vorkommnisse berichtet. Er gibt an, den Marsch auf das Köpenicker Rathaus nur unternommen zu haben, um sich Formulare und Stempel für den Pass zu beschaffen. Die ganze Aktion war also, von ihm aus gesehen, ein Fehlschlag. Das ‚beschlagnahmte' Geld aus der Stadtkasse gibt er wieder zurück. Der Kriminaldirektor möchte Voigt in der Hauptmannsuniform sehen. Voigt kommt dem Wunsch nach und bittet um einen Spiegel, da er sich noch nie als Offizier gesehen hat. Voigt tritt vor den Spiegel, „das Portweinglas in der

Voigt zieht erneut die Uniform an und begutachtet sich im Spiegel

Hand. Er steht mit dem Rücken zum Publikum. Der Direktor tritt mit den anderen beiseite, beobachtet ihn. Voigt steht zuerst ganz ruhig – dann beginnen seine Schultern zu zucken, ohne dass man einen Laut hört – dann beginnt seine Gestalt zu schüttern und zu wanken, dass der Portwein aus dem Glas schwappt – dann dreht er sich langsam um – lacht – lacht immer mehr, lacht übers ganze Gesicht, mit dem ganzen Körper, aus dem ganzen Wesen – lacht, bis ihm der Atem wegbleibt und die Tränen herunterlaufen. Aus diesem Lachen formt sich ein Wort [...] Unmöglich!!" (S. 143 f.).

3.3 Aufbau

ZUSAMMENFASSUNG

Das Stück ist in drei Akte unterteilt, von denen jeder aus sieben Szenen besteht.
Exposition ist der erste, **Wendepunkt** der zweite Akt mit den **Höhepunkten**: Gespräch mit Voigts Schwager und das Märchen von den Bremer Stadtmusikanten. Der dritte Akt enthält die eigentliche **Köpenickiade**.
Neben die Voigt-Handlung treten noch die Von-Schlettow-, Hoprecht- und Obermüller-Handlung.
Das Stück spielt an verschiedenen Orten in **Berlin und Umgebung**.
Die dargestellte Zeit umfasst etwas mehr als **zehn Jahre**.

Drei Akte mit jeweils sieben Szenen

Zuckmayers Stück *Der Hauptmann von Köpenick* ist ein ‚Deutsches Märchen in drei Akten', wie der Untertitel formuliert. Zuckmayer wählt also nicht die fünfaktige Form, die häufig für Tragödien oder das klassische Drama verwandt wurde. Eine dem Stück vorangestellte Szenenfolge lässt einen klaren und konsequenten Aufbau vermuten. Nach der Szenenfolge hat jeder der drei Akte genau sieben Szenen.

Der erste Akt

1. Akt beschreibt einen Kreis

Die erste Szene des ersten Aktes zeigt Voigt, aus dem Gefängnis entlassen, vor dem Uniformladen; die letzte Szene des ersten Aktes spielt wiederum in dem Uniformladen, wo durch das laute Vorlesen eines Zeitungsartikels klar wird, dass Voigt erneut verhaftet worden ist, denn er ist einer der beiden ehemaligen Zuchthäusler, die ins Polizeirevier eingebrochen waren, um sich dort der Kasse zu bemächtigen, aber verhaftet wurden. Demnach beschreibt der erste Akt für die Voigt-Handlung einen Kreis: Voigt ist zu Beginn des Aktes aus dem Gefängnis entlassen worden und findet sich dort am Ende des Aktes wieder ein. Seine Versuche, Fuß in dieser Gesellschaft zu fassen und einem ‚anständigen' Beruf nachzugehen, scheiterten an dem Teufelskreis, dass er, um zu arbeiten, einen festen Wohnsitz nachweisen, und dass er, um einen festen Wohnsitz zu bekommen, eine Arbeitsstelle nachweisen muss.

1. Akt ist breit angelegte Exposition

> „Der erste Akt zeigt den scheiternden Voigt, der am Ende zu kriminellen Mitteln greift, um seine ausweglose Situation zu meistern. Er ist also als ganzer breit angelegte Exposition, Vorgeschichte, die Voigts [späteren] Geniestreich motivieren will."[6]

Der zweite Akt

2. Akt ist Wendepunkt

Auch der zweite Akt beschreibt in sich – so sieht es auf den ersten Blick zumindest aus – eine Kreisform. In der ersten Szene wird Voigt kurz vor seiner Entlassung aus dem Gefängnis gezeigt. Am Ende des zweiten Aktes verlässt Voigt die Wohnung seines Schwagers, wo er für kurze Zeit eine Bleibe gefunden hat, die ihm aber durch den Ausweisungsbescheid wieder strittig gemacht wird. Es scheint so, als sei er keinen Schritt weitergekommen. Dennoch wird man diesen Akt als den Wendepunkt ansehen müssen. In diesem Akt erzählt Voigt die kurze Szene aus den ‚Bremer Stadtmusikanten', die gleichsam leitmotivische Funktion für das Stück bekommt; und er setzt sich mit seinem Schwager in einer Diskussion auseinander. Es scheint, als habe er die Erkenntnis gewonnen, dass er auf ‚anständigem' Wege aus dem Teufelskreis, der ihn gefangen nimmt, nicht herauskommt. So schürzt der zweite Akt den Knoten,

---

6 Frizen, S. 31 f.

2. Akt spannt den Bogen zum Spannungshöhepunkt

„zeigt wiederholend und zuspitzend die Ausweglosigkeit, das Wachsen des Plans und bereitet alles vor, um Voigt und die Uniform zusammenzubringen. Er erfüllt also die Funktion der Epitasis, die den Bogen zum Höhepunkt der Spannung schlägt."[7]

Der dritte Akt

3. Akt ist Komödie in der Komödie

Der dritte Akt enthält die eigentliche Köpenickiade; er ist die Komödie in der Komödie; aber auch am Ende dieses Aktes steht Voigt da, wo er am Anfang des Aktes gestanden hat. Er hat immer noch keine Arbeit, und seine Aktion im Rathaus hat insofern ein tragikomisches Ende genommen, dass die Papiere, die er bei der Aktion hat bekommen wollen, nicht in dem Rathaus erhältlich sind. Letztlich scheitert Voigt, wenn man nicht das Ende des Stückes, als sich Voigt noch einmal im Kostüm im Spiegel gegenübersteht und in Lachen ausbricht, als seinen eigentlichen Triumph versteht.

Dialektik der Szenen

„Der Entwicklungsbogen des Stückes bezieht seine Gespanntheit allein aus der Frage, wie es dem Geächteten gelingt, sich den Schein zu verschaffen, mit dessen Hilfe er das werden kann, was er von Natur aus ist, aber nicht sein darf: der Bürger, der Heimatverbundene, der Vaterlandsliebende. Deshalb rundet sich die Szenenfolge ebenfalls dialektisch: Am Anfang steht der Uniformladen, in den Voigt eindringen will, aber nicht darf; am Ende steht Voigt da in Uniform, von der Gesellschaft umringt, die ihn ausgestoßen hatte, und darf lachen, weil er als einziger die Unvereinbarkeit von Schein und Sein durchschaut. Alle sind darauf hereingefallen, dass der Außenseiter sich eine Uniform umtat und als Hauptmann erschien, aber nur er weiß, wie die Ver-

---

7 ebd., S. 32

söhnung des Unversöhnlichen geschehen konnte. Dass das geschehen konnte, ist ein Märchen.“[8]

Die einzelnen Handlungsstränge

Voigt-Handlung

Neben der Voigt-Handlung sieht man noch in mehreren Szenen von Schlettow, Hoprecht und Obermüller. Ihre Lebenswege sind parallel zu Voigts Weg gebaut. Von Schlettow scheitert schon im ersten Akt, auch Hoprecht scheitert, wenn man seine Nichtbeförderung im zweiten Akt als Scheitern versteht. Nur Obermüller scheint über die drei Akte hinweg zu avancieren; aber gerade er wird von Voigt und der ihn begleitenden Truppe von Soldaten gefangen gesetzt, womit er gesellschaftlich zumindest der Lächerlichkeit preisgegeben ist und damit sein Karriereweg beendet sein dürfte.

Uniform-Handlung

Der wichtigste und am kontinuierlichsten durchgeführte Handlungsstrang neben der Voigt-Handlung ist jedoch die Handlung, die ein Requisit, die Uniform nämlich, bestimmt. Beide Handlungsstränge – Voigt-Handlung und Uniform-Handlung – sind einander zugeordnet. Das Drama *Hauptmann von Köpenick* könnte auch den Titel, zumindest den Untertitel tragen: Die Geschichte einer Uniform, denn wie die Mittelpunktfigur Voigt zum einen die Szenen aneinanderbindet und die Dramenhandlung im Wesentlichen durch die eine Person des Voigt Handlungseinheit herstellt, kommt dem Requisit der Uniform eine ebenso bedeutende, Einheit stiftende Funktion zu. Sie ist Hauptrequisit und zugleich als Dingsymbol Zentralsymbol des Dramas. Sie steht und versinnbildlicht den militaristisch und hierarchisch ausgerichteten Staat.

Hauptrequisit und Dingsymbol

Parallel- und Zusammenführung der beiden Handlungsstränge

Alle Handlungen des Stückes kreisen entweder um die Uniform oder um Voigt. Beide Handlungsstränge verlaufen zunächst parallel zueinander, bis sich dann schließlich beide Handlungsstränge tref-

---

8 ebd., S. 32 f.

fen, indem nämlich Voigt die beim Trödler angekommene Uniform kauft, anzieht und seine Köpenickiade damit spielt.

Die Uniform und ihre Besitzer

Die Uniform hat verschiedene Besitzer: Zunächst wird sie vom Hoflieferanten Wormser hergestellt. In dessen Uniformladen probiert sie Hauptmann von Schlettow, der sie in Auftrag gegeben hat, an. Von Schlettow stellt jedoch einen minimalen Fertigungsfehler fest, so dass die Uniform überarbeitet werden muss. Die nachgearbeitete Uniform wird von Schlettow in I, 5 geliefert. Dieser muss sie jedoch zurückgehen lassen, da er seinen Dienst quittieren musste. In Wormsers Uniformladen wird die in Kommission genommene Uniform nach dem Gardehauptmann von Schlettow nunmehr dem Reserveoffizier und späteren Bürgermeister von Köpenick, Obermüller, angeboten. Obermüller kauft sie. Nach zehn Jahren, die inzwischen vergangen sind, kann Obermüller die früher erworbene Uniform nicht mehr zum Kaisermanöver tragen, da er für sie zu dick geworden ist und nicht mehr in sie hineinpasst. Er wartet in der Nacht vor dem Manöver auf die neue Uniform, die Wabschke endlich liefert. Die alte, abgelegte Uniform hat damit ausgedient, allenfalls als Kostüm könnte sie noch Verwendung finden. Genau diese Funktion wird sie dann auch erfüllen. Wormsers Tochter bedient sich der ausgemusterten Uniform als Kostüm auf einem Kostümfest. In diesem Kostüm trägt sie schneidige Lieder vor, bis durch eine Ungeschicklichkeit ihres Bruders die Uniform mit Getränken, Speisen und Blumenwasser befleckt wird. Sie kommt nunmehr zum Trödler, wo sie schließlich Voigt erwirbt (III, 15), sie in einer Bahnhofstoilette gegen seine heruntergekommene Kleidung eintauscht, kraft der Uniform dann eine kleine Truppe von Soldaten um sich scharen kann, das Rathaus vom Köpenick besetzt, seinen Coup landet, sich schließlich der Polizei stellt und in der letzten Szene nochmals

Wormser stellt Uniform her.

↓

Von Schlettow probiert Uniform an.

↓

Von Schlettow wird Uniform geliefert.

↓

Von Schlettow lässt Uniform zurückgeben.

↓

Uniform wird Obermüller angeboten.

↓

Obermüller ist zu dick für Uniform geworden.

↓

Obermüller gibt Uniform zu Wabschke.

↓

Wormsers Tochter trägt Uniform als Kostüm.

↓

Uniform wird verschmutzt und landet beim Trödler.

↓

Voigt kauft Uniform und spielt Hauptmann.

↓

Voigt stellt sich und schlüpft nochmals in Uniform.

in die Uniform schlüpft und mit einem „Unmöglich“ in ein lautes Lachen ausbricht, in das alle Umstehenden im Polizeirevier einstimmen.

Die verschiedenen Bauelemente des Dramas

Will man den Charakter des Dramas bestimmen, so ist dabei darauf zu achten, dass *Der Hauptmann von Köpenick* als Drama die verschiedensten Bauelemente enthält:

Das Drama als Volksstück

„Der Gegensatz von possenhaft-situationskomischen Elementen, satirischer Gestaltung des Stoffes und heiter-humorvoller Lösung von Spannungen kann als Inkonsequenz des Autors, als ‚verworrener Idealismus', Milieuverliebtheit und Mangel an gesellschaftskritischer Perspektive interpretiert werden. Zugleich aber zeigt sich in ihm eine Spielbreite komischer Strukturelemente auf allen Darstellungsebenen, die eine Festlegung des Stückes als Zeit-, Charakter- oder Situationskomödie ebenso wenig zulässt wie als dramatische Satire, Tragikomödie, Kriminalkomödie oder gar als Lustspiel (märchenhafte Elemente, Zug zur Versöhnung). Vieles spricht dafür, […] das Drama als Volksstück zu verstehen."[9]

Lokalkolorit

Sprachkomik und Satire

„Die erneuerte Volksstück-Form erlaubte die Verbindung heterogener Elemente; das Milieuhafte und Atmosphärische der lokalen Bindung steht neben zeitbezogener Sozialkritik, mildert diese oft; Situationskomik, humorvolle und rührende Züge, Sprachkomik bis zur Satire bringen in ihrer Abfolge bzw. im Ineinanderverschränktsein einen Bilderbogen hervor, dessen Stil- und Spielebenen die mimisch-theatralischen wie sprachlich-wirklichkeitsbezogenen Elemente des volkstümlich gewordenen Stoffes ausschöpfen. Der Charakter des Volksstücks hebt den Gegensatz zwischen satirischen und possenhaften Elementen auf; die Komik der Situation macht den sozialen und politi-

---

9 Hein, S. 48

schen Hintergrund erst transparent und akzentuiert ihn für eine satirische Durchleuchtung.

Übertragbarkeit des Geschehens

Zugleich erhält die Komödienfabel die Potenz der Aktualisierbarkeit; das Geschehen ist auf ähnliche Fälle in der Geschichte übertragbar."[10]

Die Orte des Geschehens

Private, öffentliche, amtlich-polizeiliche Orte

„Die neunzehn verschiedenen Bühnenorte lassen sich in drei Gruppen einteilen, in private (möbliertes Zimmer, bürgerliche Wohnstube, Schlafzimmer, Stube mit Bett), öffentliche (Uniformladen, Café National, Personalbüro, Herberge, Allee, Bahnhof und andere) und amtlich-polizeiliche (Polizeibüro, Zuchthauskapelle, Amtszimmer des Bürgermeisters und andere)."[11]

Vorherrschen des Militärisch-Bürokratischen

Aber in all diesen Orten, vielleicht das Zimmer bei Hoprecht ausgenommen, in dem das todkranke Mädchen liegt, waltet das Militärisch-Bürokratische (s. vor allem die immer wieder gestellte, alle Wege öffnende Frage nach dem ‚Haben Sie gedient?'). Voigt muss mitansehen, wie ein Offizier ohne Uniform machtlos ist, wie ein Personalchef im Büro ihn abweist, den Gedienten aber bevorzugt, wie das Gefängnis Sympathie verteilt, wenn man mit militärischen Kenntnissen aufwarten kann, wie ein Leutnant sich im Polizeibüro das herausnehmen kann, was Voigt versagt bleibt; wie alles strammsteht, wenn man mit Uniform auftritt, und sei es vor dem Toilettenhäuschen im Bahnhof. Rathausbesetzung und der Auftritt im Polizeipräsidium beweisen nochmals die Allgewalt der Uniform. Von der Uniform geht eine Magie aus, ein Zauber, der alles verwandelt.

---

10 ebd., S. 48
11 ebd., S. 55

Allgewalt der Uniform

Der Raum ist durchmilitarisiert:

> „Die ganze erste Szene wird von Militärmusik begleitet; in I, 3 beherrscht ein grölender Grenadier die Szene; in I, 6 hört man von ferne das Kasernensignal; in I, 7 ist die Militärmusik fern und wird am Ende der Szene ‚nah' und ‚mächtig'. Die zivile Musik vertreten Schlager (I, 4 und II, 12), moritatähnliches bzw. ‚larmoyantes Lied' (II, 12 und III, 20), Couplet (II, 13), Choral (II, 8) und Drehorgeltöne. Militär und Zivilmusik dienen der Untermalung und Akzentuierung der Szenerie."[12]

> „Im Bühnenbild dominieren Kaiserbilder und militärische Attribute [...] Die satirische Perspektive lässt Soldaten spielende Zuchthäusler ebenso normal erscheinen wie sich militärisch gebärdende Zivilisten; die polizei- und militärstaatliche Denkweise lässt dem Einzelmenschen keinen Spielraum in der bürgerlichen Enge, dem Gestrauchelten oder Außenseiter verbietet sie gar zu leben."[13]

---

12 ebd., S. 58 f.
13 ebd., S. 59

3.4 Personenkonstellation und Charakteristiken

ZUSAMMENFASSUNG

Die Hauptperson ist:
Wilhelm Voigt
kein Asozialer, kein Revolutionär, kein erklärter Sozialdemokrat

Weitere Personen sind:
Hauptmann von Schlettow
Militarist

Bürgermeister Obermüller
liberaler, standpunktloser Karrierist

Uniformschneider Adolf Wormser
will unbedingt Kommerzienrat werden

Zuschneider Wabschke
durchschaut die Militärkulisse

Friedrich Hoprecht
typischer Kleinbürger

Voigt

Schmächtige Gestalt

Zuckmayer nennt ihn eine „schmächtige Gestalt, mager und etwas gebückt, leicht angedeutete O-Beine, hohles Gesicht mit starken Backenknochen, grauer Schnurrbart, fahle Hautfarbe. Er trägt einen alten, aber nicht zerlumpten dunklen Anzug“ (S. 11). Voigt ist kein Asozialer, er legt durchaus noch Wert auf sich und sein Äußeres. Er ist kein Revolutionär, nicht politisch interessiert, wie etwa der in dem Asylantenheim übernachtende ‚Vorwärts-Leser'. Voigt ist also kein erklärter Sozialdemokrat, kein Mensch, der den Einsatz von Gewalt befürwortet und deshalb sich auch von Kalle als krimineller Gegenfigur abgrenzt, wenn er die Mitnahme einer Pistole ablehnt. Es geht ihm bei dem Einbruch nicht um Materielles, er will lediglich die ihm verweigerten Papiere haben. Er durchschaut auch das System und seine Fehler: die Zwickmühle, in der er sich befindet und aus der er vergeblich seit langer Zeit zu entkommen versucht:

Durchschaut das System

> „Nee, nee, det is nu'n Karussell, det is nu ne Kaffeemihle. Wenn ick nich jemeldet bin, krieg ick keene Arbeet, und wenn ick keene Arbeet habe, da darf ick mir nich melden. Denn will ick wieder raus. Denn jebense mir'n Pass mit'n Grenzvisum, det ick rieber kann." (S. 17)

Entkriminalisierung der historischen Vorlage

Aber auch das wird Voigt verweigert, und er gelangt auch nicht durch seinen Einbruch in das Köpenicker Rathaus zu dem wichtigen Papier. Zuckmayer hat seine historische Vorlage im Wesentlichen entkriminalisiert; auch wenn er einige Stationen in der kriminellen Karriere seines historischen Vorbildes übernimmt, ist für ihn Voigt nicht unbedingt der Gewohnheitsverbrecher.

> „Voigt beansprucht nicht mehr als die einfachen Grundrechte des Menschen. Der Mensch braucht einen festen Wohnsitz, Arbeit und freundlichen Umgang mit Menschen, mit denen er in seiner Muttersprache als unverlierbarem Besitz kommuniziert."[14]

---

14 Hein, S. 64

Heinz Rühmann als Wilhelm Voigt vor dem Köpenicker Rathaus in der Verfilmung von 1956 © Cinetext

Kurz: der Mensch braucht eine Heimat, er muss sich die Erde zu einer solchen Heimat machen können, die Gesellschaft darf ihn nicht aus diesem ‚irdischen Paradies vertreiben', sonst hat der Mensch sich gegen die göttliche Schöpfungsordnung gestellt, er hat aus dem Geschenk des Lebens zu wenig gemacht und kann dies vor Gott nicht verantworten. Deshalb ergreift Voigt im zweiten Teil des Stücks die Handlungsinitiative, entflieht dem gesellschaftlichen Tod, denn etwas Besseres als den Tod findet er allemal. Um die

Voigt sieht sich durch den Staat um seine Grundrechte betrogen

> „Grundrechte sieht er sich durch den Staat betrogen, der nicht den Menschen dient, sondern dem Menschen als Untertanen dienen. [...] In diesem vom Staat inszenierten Teufelskreis von Ordnung und Verordnung verliert Voigt die Berechtigung, Mensch zu sein. Zum Menschen gehören Ausweispapiere, Beruf, Haltung und am besten Uniform. Nur mit diesen Mitteln kann man ein ordentlicher Mensch werden; Voigts Verwandlung bringt dies deutlich zum Ausdruck.“[15]

Die innere Freiheit wird zur Handlungsfreiheit

> „Die Sehnsucht nach Freiheit und Sonne, die er mit dem kranken Mädchen teilt, ist ein wesentlicher Teil der Menschennatur und lässt sein Hadern mit der Weltordnung gerechtfertigt erscheinen; Perfektionismus der Gesetzgebung statt Gerechtigkeit und Missachtung der Menschenwürde hindern den Menschen als Mensch zu leben, machen aus ihm eine ‚Fußmatte‘ (II, 14) oder Nummer im System. Die innere Freiheit führt zur Handlungsfreiheit: ‚Ick wer mir nu mal 'n bissken ranhalten, wer ick. Was de andern können, det kann ick noch lange.‘ [...] Doch obwohl Voigt den Punkt erkennt, an dem sich das wilhelminische System aus den Angeln heben lässt, kann er allein die Welt nicht ändern.“[16]

Darum ist auch das befreiende, nur für einen Augenblick geltende Lachen am Ende, Voigts „Unmöglich“, lediglich der Vorschein einer Welt, in der der Mensch ein würdiges Leben führen kann.

---

15 ebd., S. 65
16 ebd., S. 66

Hauptmann von Schlettow

Er ist durch und durch Militarist, er ist ganz und gar Uniform; die Uniform ist ihm alles; ohne Uniform fühlt er sich als ein Nichts.

Repräsentant und Opfer des Systems zugleich

> „Seine Existenz gründet in der allgemeinen Verblendung, für die er nicht schuldig befunden wird. Die Abstraktheit seiner Existenz, ihre zum Prinzip erhobene Systematik reicht schon wieder ins Bewusstlose hinab. Er ist die Marionette, die Holzpuppe, die in Wormsers Ladendekoration die Uniform trägt. [...] Ichschwach, kontaktunfähig, erotisch verkümmert, kompensationsbedürftig und an Randgruppen sich abreagierend, kommunikativ inkompetent, ist er Repräsentant und Opfer des Systems in einer Person.“[17]

Bürgermeister Obermüller

Hat eigene Ansichten zum System

Obermüller scheint zunächst sympathisch und wenig korrumpierbar. Als Bürgermeister zeigt er Verantwortung, indem er sozial Privilegierten keine Steuervorteile einräumen will. Er hat zweifellos seine eigenen Ansichten über das System und bemüht sich um Differenzierungen zwischen Beamtentum und Militär. Doch ist er ein Karrieretyp, der sich beflissen bemüht, den Anforderungen zu entsprechen, welche die Konvention an einen Mann seines Standes und seiner Ambitionen stellt, siehe vor allem I, 7, wo er sich für das monarchistische System ausspricht und hinzufügt: „– aber wir leben – angewandte Demokratie! Das ist meine Überzeugung!“ (S. 56). Er ist liberal, allerdings letztlich standpunktlos.

> „Die Synthese der ‚Idee der individuellen Freiheit‘ und der ‚konstitutionellen Idee‘ ist für Obermüller Realität – allerdings erst

---

17 Frizen, S. 48 f.

zu dem Zeitpunkt, zu dem er seinen Leutnantsrock ausprobiert. Wer Leutnant ist, hat ‚es' in Preußen ‚erreicht'".[18]

Er funktionalisiert das Militär

Hat nötige Distanz zum Staat

Getrieben von seiner gesellschaftlich überehrgeizigen Frau, funktionalisiert er das Militär, weiß und richtet sich danach, dass nur, wer militärisch seine ‚Karriere' macht, auch gesellschaftlich die Leiter der Bürokratie hochkommt. Die „Intelligenz, blutleer, schmalbrüstig und fettleibig, hat die natürlichen Maßstäbe verloren".[19]

Uniformschneider Adolf Wormser

Passt sich an, nimmt eigene Meinung zurück

Für ihn ist die Uniform das große Geschäft. Und er passt sich dem vollkommen an, indem er sich als Individuum mit eigener Meinung völlig zurücknimmt. Er ist der „Anpassungsjude", und insofern genaues Gegenbild zu Krakauer.

Darf am Staatsglanz teilhaben

Wormser „hat den Weg gewählt, der ihn als einziger zum gesellschaftlichen Erfolg führen kann. In seiner Biografie sind die drei Semester Jurastudium und die Zugehörigkeit zur schlagenden Verbindung notwendiges Durchgangsstadium zum ‚Kommerzienrat'. Er wird zu den staatstragenden Funktionen nicht zugelassen, aber er darf am Staatsglanz teilhaben und den Glanz vorbereiten helfen, dem der Staat seine Erhaltung verdankt. Der Vertreter der Minderheit stabilisiert die Herrschaft der Majorität, die ihn diffamieren könnte. Er ‚organisiert' den Manöverball, das Spektakel um die Uniform überhaupt."[20]

Zuschneider Wabschke

Er ist pfiffig und hat die Fähigkeit, hinter die Militärkulissen zu blicken. „Ick meine nur – fast zart, behutsam – det Militär is ja

---

18 ebd., S. 50
19 ebd., S. 51
20 ebd., S. 51 ff.

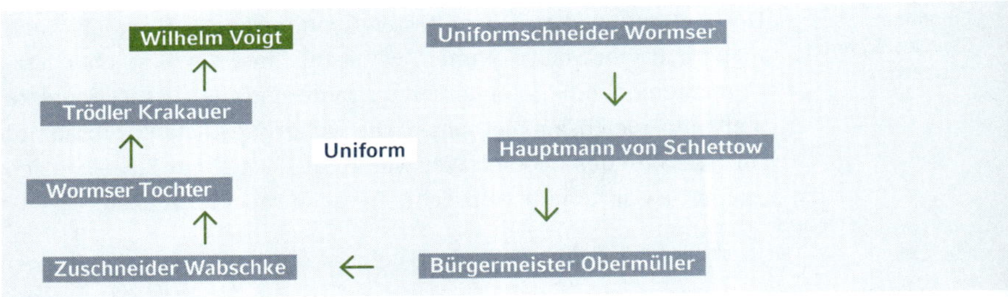

sehr scheen, aber es is nu wirklich nich det einzige uff de Welt [...] ick meine – wenn eener 'n richtiger Mensch is, det is doch de Hauptsache, nich?" (S. 39) Er hat die nötige Distanz zu sich, zu den ‚Kunden' und somit zum Militarismus und zum Staat. Aber er muss schweigen, wenn sein Arbeitgeber es befiehlt.

Friedrich Hoprecht

Er ist der typische Kleinbürger.

> „Mensch und Beamter Hoprecht sind identisch. Die Entfremdung im Beruf wird zwar erfahren, aber kompensiert. Erfülltes Leben ist nur in der knapp bemessenen Freizeit möglich. [...] Ordnung, Solidität, Geregeltheit des Tagesablaufs täuschen über den Lustverzicht hinweg und sollen Sicherheit garantieren. [...] Staat und Recht verbürgen die überzeitliche Wahrheit und damit die Sicherheit. Ordnungsstörungen werden nicht auf eine gesellschaftliche Ursache zurückgeführt, sondern entweder religiös als Schuld oder naturalistisch als mangelnde Begabung hypostasiert."[21]

---

21 ebd., S. 55

Empfindet Staat als Garant des Lebens

Darum lässt, weil er dessen festen Grund braucht, Hoprecht auch nichts auf den Staat kommen. Er ist für ihn als Arbeitgeber letzte unangefochtene, niemals hinterfragte und niemals in Frage zu stellende, gleichsam metaphysische Sicherungsinstanz, ein Garant für den Sinn des Lebens. Wer wie Voigt Zweifel am Staat bei sich zulässt, ist darum für Hoprecht ein ‚gefährlicher' Mensch.

3.5 Sachliche und sprachliche Erläuterungen

Erster Akt

Erste Szene	**Potsdam**	Garnisonsstadt in der Nähe Berlins; ehemalige Residenzstadt preußischer Könige; Standort des Sommerschlosses ‚Sanssouci' des preußischen Königs Friedrich II.
	Queue	Ende einer militärischen Formation; Schluss einer Marschkolonne
	Gardekompanie	Elitetruppe, ausgestattet mit besonderen Uniformen
	Kgl. Preuss. Hoflieferant	auszeichnender Titel, den derjenige führen durfte, der den Hof belieferte
	Epauletten	Schulterstücke der Uniform
	Feldbinde	Gürtel aus silbernem Schärpenband, diente als Rangabzeichen
	Studentische Couleur	farbliches Kennzeichen der Studentenverbindung
	Buxen	Hosen
	Kommiss	umgangssprachl. Bezeichnung für Heer
	Kasten	hier: Arrestzelle
	Pojazz	Spaßmacher
	mittenmang	in der Mitte
	Stechschritt	Paradeschritt
	Der alte Fritz	Friedrich II. von Preußen
	Der kategorische Imperativ	‚Handle so, dass die Maxime deines Willens jederzeit zugleich als Prinzip einer allgemeinen Gesetzgebung gelten könne', so lautet eine der Formulierungen, die Kant seinem ‚kategorischen Imperativ' in seiner ‚Kritik der praktischen Vernunft' gab.
	Untern Linden	Prachtstraße in Berlin

	Exerzierreglement	Katalog von Exerzierregeln und Übungen für die Handhabung der Waffen und die Bewegung von Truppen
	Geflochtene Achselstücke	Schulterstücke für Offiziere vom Major an aufwärts
	Montur	Uniform
Zweite Szene	**Pickelhaube**	bei der preußischen Armee Mitte des 19. Jahrhunderts eingeführter Helm mit metallener Spitze
	Potsdamer Glockenspiel	Glockenspiel der Potsdamer Garnisonskirche. Als Glockenspiel erklang die Melodie zu „Üb immer Treu und Redlichkeit / Bis an dein kühles Grab". Verfasser des Textes war Hölty.
	Portepee	silberbestickter Lederriemen mit einer eben solchen Quaste, an dem der Degen getragen wurde
	inkrimmenieren	eigentlich: inkriminieren = beschuldigen, belasten
	Wuhlheide	Waldgebiet im Südosten von Berlin
	Plötzensee	Berliner Strafgefängnis, später im Text häufig mit der Kurzform ‚Plötze' bezeichnet
	Alex	in Berlin übliche Abkürzung für den ‚Alexanderplatz', wo sich das Polizeipräsidium befand
	rausjeflammt	berlinerisch für ‚rausgeworfen'
	Konstitution	körperliche Beschaffenheit
Dritte Szene	**Café National**	für die Zeit vor und bis kurz nach dem Ersten Weltkrieg Stammlokal der Berliner ‚Halbwelt'
	Portiertür	Türöffnung mit Vorhang (Portiere)
	Queue	hier: Billardstock

lackeln	herumstehen
Wannsee	im Südwesten Berlins gelegenes Gebiet
Zoo	Bahnhof Zoologischer Garten
Moabit	Stadtteil Berlins
Kanapee	Sofa
Zischorje	gemeint ist die Zichorie, eine Rübenart, aus deren Wurzeln Kaffee-Ersatz gewonnen wurde
Schrippe	Brötchen
Pasasche	Passage, Durchgang
Kies	hier: Geld
des Kaisers Rock	Uniform
forn blauen Lappen	für einen (blauen) Hundertmarkschein
Lohjerber	Gerber bearbeiteten mit Lohe, einem Sud, der aus gerbstoffreichen Rinden und anderen Pflanzenteilen gewonnen wurde, die rohen Tierhäute
Pollacken	abwertend gemeint Bezeichnung für die Bewohner Polens
Kammer	Kleiderkammer, Ausgabestelle für Uniformteile
Schmiere	in der Gaunersprache ‚Wachposten' bei einem Einbruch
Knastschieber	derjenige, der schon mehrfach im Gefängnis eine Strafe abgesessen hat
Pikkolo	Kellnerlehrling
Effet	Drall einer Kugel beim Billardspiel
Allasch	aus Kümmel gewonnener Likör
Assistent	hier: Assistenzarzt

Charité	Berliner Universitätskrankenhaus
Staatsbürjer-kluft	Zivilkleidung im Gegensatz zur Uniform
Mostrich	Senf
Bongkö	Bonne Queue
Siebenjähriger Krieg	Krieg (1756–63) zwischen Preußen und Österreich, Frankreich, Russland und deutsche Reichsfürsten vor allem um Schlesien, an dessen Ende der Frieden von Hubertusburg die Großmachtstellung Preußens innerhalb Europas begründete
Linieninfantrist	nicht zur Garde gehörender Infanterist
bunter Rock	Uniform
degoutiert	abgestoßen, angewidert
Plörösenmieze	Pleureusen: lange Straußenfedern, die als Hutschmuck dienten
Erbkomtesse	Komtesse: Titel einer unverheirateten Gräfin
Kadettenkorps	eine Gruppe von Internatszöglingen, die zu Offizieren ausgebildet wurden
Zwanzigpfund-myom	eine zwanzig Pfund schwere Geschwulst
Griffekloppen	Übung mit dem Gewehr
Taler	Dreimarkstück
Zavalier	Kavalier
Ejiptische Oogen	bei der Augenkrankheit Trachom färben sich die Augäpfel rötlich
Karbolschnauze	hier: giftiges Mundwerk
Penne	hier: Schlafstätte
Breißischer Daler	preußischer Taler

	Gardegrenadier	Gardeinfanterist
	Schützenschnur	eine silberne Schnur, die als Auszeichnung für Leistungen beim Schießübungen verliehen wurde
	Jardedükör	Garde du Corps = Leibgarde
	Marie	Geld
	Manolilinksrum	verrückt
	Kamuffel	Dummkopf
	retirieren	sich zurückziehen
	Charge	militärischer Dienstgrad
	Deez	Kopf (berlinerisch)
Vierte Szene	**Axolotl**	eine mexikanische Wassermolchart
	Matchiche	Machiche; Maxixe; ein um die Jahrhundertwende in Europa populärer Tanz brasilianischer Herkunft
	Tempelhof	Bezirk in Berlin
	Loiberregiment	Leib- bzw. Garderegiment; ursprünglich zur Bewachung des Herrschers, dann auch die Kerntruppe des Heeres
	Stammrollenauszug	Nachweis über den abgeleisteten Wehrdienst
Fünfte Szene	**Nippes**	kleinere Gegenstände als Zierrat
	In Kommission übernehmen	im Auftrag etwas für jemanden verkaufen
	Kornklitsche	kleines Landgut
Sechste Szene	**Vizefeldwebel**	Unteroffiziersrangstufe, Offiziersstellvertreter
	Karbidlampe	mit Acetylengas gespeiste Lampe

Tiergarten	Bezirk in Berlin
unziseliert	hier: unzivilisiert
inkommodieren	belästigen
Gfrett	Ärger (bayrisch)
Weddingmatrose	Wedding war ein Berliner Arbeiterviertel, gemeint ist hier also Landratte
Panke	Nebenfluss der Spree in Berlin
Polente	Polizei
Bienen	hier: Ungeziefer
wahrer Jakob	hier: das einzig Wahre, Richtige
Drilchhosen	Drillich ist ein fester, strapazierfähiger Stoff
Kommissbüchsen	Soldatenhosen
Stintgräte	Stint, eine Familie der lachsartigen Fische
Suhmkwickwe	lateinisch ‚suum cuique' = jedem das Seine; Wahlspruch Preußens seit Friedrich I.
Fettlebe	Leben im Überfluss
Masseltopp	Glück (berlinerisch); großartige Sache
Pinkepinke	Geld
ausbaldowert	ausgekundschaftet
Budweis	Stadt im heutigen Tschechien
Musketier	mit einer Muskete (Gewehr) bewaffneter Fußsoldat
Nulluwehr	Null ouvert; Ausdruck beim Skat, wenn der Spielmacher nach dem ersten Stich seine Karten aufdeckt; seine Punktzahl darf bis zum Ende des Spiels nicht mehr als ‚null' werden
Jrunewald	Grunewald, Gegend im Südwesten Berlins; früher beliebtes Ausflugsziel

	Schiebe	Scheiße
	Rabattentreter-batailljon	hier: Gruppe von Landstreichern
	in Effekt	im Affekt
	Schippe	Spielkarte:Pik
	Browwing	kleine Selbstladepistole (Browning)
	verratzt	verloren
	Mumpitz	Quatsch, Unsinn
	Daus	Ass beim Kartenspiel
	Latichte	Laterne
	Klöhnbruder	einer, der zu viel redet
	Schnadahüpfel	ein einstrophiges, vierzeiliges Lied
	Budiker	Besitzer einer kleinen Kellerwirtschaft (s. ‚Boutique')
	proppen	pfropfen
	Watschen	Ohrfeige
	Saukobfeter Saukobfsaukob-feter	sauköpfiger Saukopf; gemeiner Kerl
	se chumme	sie kommen
	Tippelkunden	Landstreicher
	kiebitzen	beim Kartenspiel zuschauen und unzulässige Ratschläge erteilen
	Wanderschein	Arbeitsausweis auf der Wanderschaft (Walz) befindlicher Handwerksgesellen
	Wackes	Elsässer (abwertend gemeint)
Siebte Szene	**unterm Strich**	der unter einem Strich platzierte Feuilletonteil einer Zeitung
	Alfred Kerr	bekannter und einflussreicher Theaterkritiker Berlins

impertinent	unverschämt
Rominten	Jagdschloss Wilhelms II. in der Rominter Heide in Ostpreußen
Litewka	blusenartige Uniformjacke
Herr Einjähriger	Soldat, der nur eine auf ein Jahr verkürzte Dienstzeit hatte, weil er einen Abschluss der höheren Schule nachweisen konnte (Abgang nach der Untersekunda)
Bataillons-adjutant	Helfer des Kommandeurs
Leutnant der Reserve	Offizier der Reserve. Die Verpflichtung, in der Reserve zu dienen, bestand noch 4–5 Jahre nach der Beurlaubung aus dem Heer. Reserveoffiziere konnten immer wieder zu Übungen eingezogen werden.
Equipierung	Ausstattung, Einkleidung
Darwinismus	Lehre des englischen Biologen Charles Darwin
Nationalöko-nom	Volkswirtschaftler
Fortschrittliche Volkspartei	aus dem Zusammenschluss dreier linksliberaler Gruppen 1910 entstandene Partei, die während des Ersten Weltkriegs für einen Verständigungsfrieden eintrat
Bong	gut (französisch: bon)
quittieren	hier: den Dienst aufgeben
Cherchezla-femme	‚sucht die Frau'
Offizierskoppel	breiter Ledergürtel zu einer Offiziersuniform
Bandelier	Schulterriemen
depeschiert	ein Telegramm geschickt

Zweiter Akt

Achte Szene	**Sieg bei Sedan**	Sieg der Deutschen über die Franzosen am 1./2. September 1870. Der 2. September war im deutschen Kaiserreich Nationalfeiertag.
	Kavallerie	berittener Truppenteil
	Artillerie	mit Geschützen ausgerüsteter Teil des Heeres
	Genietruppen	Pioniere
	Train	Versorgungstruppen
	Sanität	Sanitätstruppe
	Kassiber	heimliche schriftliche Mitteilung, die sich Gefangene untereinander zukommen lassen
	Walstatt	hier: Schlachtfeld
	Division	Heeresabteilung, die ca. 10 000–20 000 Mann umfasst
	General Boulanger	französischer Kriegsminister (1886–87)
	Brigade	Einheit aus mehreren Truppenteilen
	Etappe	hier: Versorgungseinheiten
Neunte Szene	**Rixdorf**	früher Name für Berlin-Neukölln
	Unteroffizierstressen	Rangabzeichen in Form von Borten an der Uniform
	Landwehr	alle waffenfähigen Männer, die nicht zum stehenden Heer gehören
	Kaisermanöver	größere Truppenübungen, an denen auch der Kaiser teilnahm
	Militäranwärter	wer längere Zeit beim Militär gedient hatte (12 Jahre und mehr), konnte daraus einen Anspruch auf eine staatliche Stellung ableiten

	Vize	Vizefeldwebel
	Portepeesäbel	Säbel mit Portepée, d. h. einem silberbestickten Lederriemen und eben solcher Quaste und Faustriemen für Offiziere, Unteroffiziere und Feldwebel
	auf der Brust	Sie leidet unter Schwindsucht bzw. Tuberkulose.
	Moabit	Gefängnis im gleichnamigen Stadtteil Berlins
	Kokarden	Rangabzeichen an der Uniform bzw. Mütze
	Feldwebelleutnant	unterster Offiziersrang
Zehnte Szene	**Köpenick**	Verwaltungsbezirk von Berlin
	prätentiös	anspruchsvoll
	Madonna della Sedia	Gemälde von Raffael
	Adam von Michelangelo	gemeint ist die Erschaffung Adams, ein Fresko in der Sixtinischen Kapelle
	juonisch	adjektivische Ableitung von Juno, der Gemahlin Jupiters; hier: stattlich, üppig
	Regimentsadjutant	ein Offizier, der dem Regimentskommandeur zur Weitergabe von Befehlen und für andere Dienste zugeteilt ist
	Renommiersucht	Angeberei
	arrangieren	zurechtmachen
Elfte Szene	**„Vorwärts"**	eine 1876 gegründete, sozialdemokratisch ausgerichtete Zeitung
Zwölfte Szene	**larmoyant**	weinerlich, rührselig
	Hartmann	harter Hut

	Krotte	hier: Kröte
	Sie säen nich	vgl. Matth. 6, 26
	Schrippe	Brötchen
	Müggelberg	kleinere Erhebung südöstlich von Köpenick
	Werder	Stadt an der Havel, in der Nähe von Potsdam, vor allem Konzentration auf den Obstanbau
	Puppchen, du bist mein Augenstern	damals bekannter Berliner Schlager
	Abfuhr per Schub	Zwangsausweisung
Dreizehnte Szene	**Rittmeister**	Offizier bei der Kavallerie im Range eines Hauptmanns
	Dressel	bekanntes Berliner Restaurant
	Kotillonscherze	Gegenstände, die bei Gesellschaftsspielen im Zusammenhang mit dem Kotillon, einem Gesellschaftstanz, Verwendung finden
	Festcouplet	kleines, in einem Kehrreim endendes Lied, das aus Anlass eines Festes gedichtet und komponiert wird
	Diva	bekannter weiblicher Bühnenstar
	Exkneipe	Lokal, in dem studentische Verbindungen (Korpsstudenten) zusammenkommen und das alkoholische Getränk aus dem Krug oder den Gläsern in einem Zug, ohne abzusetzen, ‚ex‘ (aus-)trinken
	Löffelemich	Darauf trinke ich (Jargon, wie er für die Sprache in den Verbindungen üblich ist).
	Filou	Spitzbube
	Herrenreiter	Rennreiter, dem – anders als beim Jockey – das Pferd gehört, auf dem er reitet

	Silentium-strictissimus	absolutes Schweigen
	Kommerzienrat	Titel für einen erfolgreichen Unternehmer oder Kaufmann
	Liebesmahl	ein festliches Mahl im Offizierskasino
	An der Majors-ecke kleben bleiben	nur bis zum Major befördert werden, weil für höhere Ränge die Qualifikation fehlt und nicht mehr nach der Anciennität, d. h. nach der Zahl der abgeleisteten Dienstjahre, befördert wird
	Trakehner	die in Trakehnen, einer Gemeinde in Ostpreußen, ursprünglich gezüchteten Pferde
	Furore machen	Beifall erlangen
	desperat	verzweifelt
Vierzehnte Szene	**aktive Militäranwärter**	diejenigen, die den Soldatenberuf als ihren Hauptberuf ergriffen haben, im Gegensatz zu den Reservisten
	Malör	Malheur, Unglück
	lammentieren	jammern
	Adlerknöppe	Uniformknöpfe, die den Reichsadler als Zierde trugen
	Muschiks	Bauern

Dritter Akt

Fünfzehnte Szene	**Grenadierstraße**	Straße in der Nähe des Alexanderplatzes in Berlin
	Ghettogestalt	Krakauer trägt die Charakterzüge und die Eigenschaften, die den Ghettojuden, nachgesagt wurden
	Louis	Ludwig; hier: Bezeichnung für den französischen Soldaten seit dem 17. Jahrhundert
	Sally	Salomon

	Goy	hebräische Bezeichnung für Volk, dann für einen Christen
	Nebbich	aus dem Jiddischen im Sinne von: Leider! Es ist schade.
	De historische Windmühle	Der sog. ‚Müller von Sanssouci' soll unter Hinweis auf die preußische, unabhängige Rechtsprechung sich geweigert haben, sein Grundstück, auf dem die Mühle stand, an Friedrich II. von Preußen zu veräußern, obwohl dieser unbedingt das Grundstück besitzen wollte.
	Pierrot	lustige Figur aus dem Stegreifspiel bzw. der Commedia dell'arte
	Bollen	knopfähnliche Gebilde, die an das Kostüm des Pierrots angenäht sind
	Maharadscha	indischer Großfürst
	Kaubeu	Cowboy
	Bur	d. i. Bure, Siedler in Südafrika
	Gardelitzen	Rangabzeichen an der Gardeuniform
	Roches	aus dem Jiddischen: Zorn, Ärger
	Gardestern	sternförmige Auszeichnung
	Domino	Faschingskostüm
Sechzehnte Szene	**Sanssouci**	in Potsdam gelegene Sommerresidenz Friedrich II. von Preußen
	Kürassier	zur Kavallerie gehörender Reiter
	Marokkokrise	Durch die Entsendung des Kanonenbootes ‚Panther' nach Agadir am 1. Juli 1911 wollte Deutschland gegen den wachsenden Einfluss Frankreichs in Marokko protestieren, musste aber schließlich doch die Schutzherrschaft Frankreichs in Marokko anerkennen.

	Der Balkan, das ewige Pulverfass	aufgrund der vielfachen Interessenkonflikte der auf dem Balkan beteiligten Mächte (Österreich-Ungarn, Serbien, Türkei, Russland) galt der Balkan schon lange vor dem Ausbruch des Ersten Weltkrieges als Krisenherd
	Friedenskaiser	Beiname Wilhelms II.
	Halluminatioen	Halluzinationen, Sinnestäuschungen
	Veteran	alter Soldat bzw. Kriegsteilnehmer
	Der reinen Wolken unverhofftes Blau	Gedichtzeile aus Stefan Georges *Komm in den totgesagten Park*
	Kapotthüte	kleine Damenhüte mit Bändern zum Binden
Siebzehnte Szene	**Schlesischer Bahnhof**	Bahnhof in Berlin, nicht unweit vom Alexanderplatz gelegen
	Hauptblock stellen	zur Sicherheit hat die Eisenbahn ihre Strecken in einzelne Blöcke (Blockabschnitte) unterteilt, auf denen jeweils nur ein Zug verkehren darf. Blockwerke mit Blockwerkshäusern sind Kontrollstellen für einzelne Streckenabschnitte
	Malheur	Unglück
	Stahnsdorf	Gemeinde in der Nähe von Potsdam
Achtzehnte Szene	**Ne halbe Rotspohn**	eine halbe Flasche Rotwein
	Spreewald	in der Niederlausitz gelegene, von vielen kleineren Wasserarmen durchzogene Landschaft
	Tappen	Fußstapfen
	Kabuff	kleiner Raum
	Krümper	Reservist der preußischen Armee
	Teltow	Stadt in der Nähe von Potsdam

Neunzehnte Szene	**Stadtkämmerer**	Verwalter der städtischen Finanzen
	Bismarck	Otto Graf von Bismarck (1815–1898) war seit 1862 preußischer Ministerpräsident, 1871 Reichskanzler des Deutschen Reiches. Er wurde 1890 von Wilhelm II. entlassen.
	Schopenhauer	Arthur Schopenhauer (1788–1860) war Philosoph, sein Hauptwerk trug den Titel *Die Welt als Wille und Vorstellung*.
	Hauptkontingent	größter Teil
	Ordonnanz	jener Soldat, dessen Aufgabe es ist, Meldungen zu überbringen
	Neue Wache	von Karl Friedrich Schinkel im klassizistischen Stil erbautes Gebäude in Berlin
	Schmisse	vernarbte Wunden, die von Verletzungen aus den Fechtkämpfen schlagender Studentenverbindungen herrühren und als Zeichen für Markigkeit angesehen wurden
	Stadtrendantur	Rechnungsamt der Stadt
	konsterniert	bestürzt
	Fortschrittliche Volkspartei	1910 gegründete Partei
	Legitimation	hier: Ausweis
Zwanzigste Szene	**Bollefahrer**	Fahrer der in Berlin ansässigen Molkerei Bolle
	Aschingers Bierquelle	bekanntes Berliner Restaurant
	Schnabus	Schnaps
	verschwiemelter Mensch	übernächtigt, müde aussehender Mensch
	Molle	Glas Bier

	Charité	Berliner Universitätsklinik
	‚Glücklich ist […] versaufen ist!‘	aus der Operette *Die Fledermaus* von Johann Strauß stammendes, hier verballhorntes Lied: ‚Glücklich ist / wer vergisst / was doch nicht zu ändern ist.‘
	Molkemarcht	Molkenmarkt, ein Platz in Berlin
	Blaukreuzler	jemand, der dem christlichen Verein zur Bekämpfung des Alkoholismus angehört
	Piephahn	Penis
	Da hebste'n Gaul mitn Wagen uff	Ausdruck des höchsten Erstaunens
	'n Politischer	jemand, der sein Handeln durch politische Motive bestimmen lässt
Einundzwanzigste Szene	**Gahaute Jungens**	gewitzte Jungen
	geschasst	aus dem Dienst entlassen
	Jago	Traugott von Jagow, Polizeipräsident von Berlin von 1909–1916
	Kriminal	Kriminalbeamter
	mitstenografieren	zum schnellen Mitschreiben bediente man sich der Stenografie
	Felddienstordnung	Verordnung für das Verhalten der Truppe im Kriegsfall

3.6 Stil und Sprache

ZUSAMMENFASSUNG

Im Stück treten zwei Sprachstile hervor. Die Sprache der Herrschenden (formelhaft, jargonhaft, redensartlich, erstarrt, in Befehlsform, falsches Pathos) und die Sprache der Unterdrückten (Muttersprache als Besitz der Armen, das Berlinerische). Erstere wird durch den Gefängnisdirektor, Obermüller, Wormser und von Schlettow repräsentiert, letztere vor allem durch Voigt.

Sprachliche Varietäten

Zuckmayer stellt in seinem Drama ein Panorama der wilhelminischen Gesellschaft dar, wobei er die Plastizität der Darstellung u. a. auch aus den sprachlichen Varietäten gewinnt. Die Vielheit der gesprochenen Sprachen bildet die Farbigkeit der Gesellschaft ab, indem sie einzelne Sprachstile einzelnen Sprechern bzw. gesellschaftlichen Gruppen zuordnet.

Einteilung

Frizen unterteilt überzeugend zwischen der Sprache der Herrschenden, der Sprache der Unterdrückten und der Sprache des Helden.[22]

Das Berlinerische als Teil der Individualität

Voigt spricht dabei das Berlinerische. Auch wenn Voigt alles genommen wird, was er eigentlich als Mensch benötigt – Arbeit, Wohnung, Geld usw. –, was man ihm nicht nehmen kann, ist seine Sprache, sie ist seine Heimat sein letzter Zufluchtsort. Wenn er sich ins Ausland begeben hat und sich dort noch so fremd und unwohl fühlt, ist es doch die Sprache, in der er sich heimisch fühlt und deren er nicht entäußert werden kann: „Und da hat nu schließlich der Mensch seine Muttersprache, und wenn er nischt hat, denn hat

22 vgl. Frizen, S. 82–94

er die immer noch" (S. 16). Aus der Sprache heraus gewinnt Voigt Leben, in der Art seines Sprechens entwickelt er und bewahrt er sich sein Stück Individualität und setzt sich so gegen den uniformierenden Geist des Militarismus und der Bürokratie durch.

Berlinerische Dialekteigentümlichkeiten

> „Die Sprache Berlins repräsentiert das Leben, wie es ist, das ‚Miljöh', neben dem Menschlichen auch das Allzumenschliche. Berlinische Dialekteigentümlichkeiten (Kasusverwechslungen, Vertauschungen von Präpositionen, Partizipialbildungen, typische Lautverschiebungen, Inversionen, Synalöphen, Aphäresen, Synkopen, Freiheiten im Umgang mit dem Fremdwort, Wortverstümmelungen) schaffen ein unverwechselbares Kolorit. Die Sprachfähigkeit und Sprachfreiheit Voigts ist aus dieser Atmosphäre der Sprache hervorgegangen. Im Wortwitz, in der Wortverdrehung, in der Parodie des Sprichwortes, in der ironischen Doppeldeutigkeit bewahrt das Individuum die Freiheit im kollektiven Dialektausdruck."[23]

Mittel der Ironie

Voigt kann in seiner Sprache ironisch sein, zuweilen auch humorvoll. Ein Beispiel für seine entlarvende Ironie: „Hoprecht: ‚Wer 'n Mensch sein will – der muss sich unterordnen, verstanden?!' Voigt: ‚Unterordnen. Jewiss! Aber unter wat drunter?!'" (S. 99) Mit dem einfachen Wortspiel legt Voigt den „Formalismus des Kadavergehorsams bloß."[24] Indem er häufig die Sprache ‚beim Wort' nimmt, also dem ursprünglichen Sinn nachfragt, verfremdet er eingeschliffene Denk- und Sprechgewohnheiten und rebelliert so gegen das Eingefahrene, selbstverständlich Gewordene und nicht mehr weiter hinterfragt: „Hoprecht: ‚Recht is, was Gesetz is, Willem.' Voigt:

Voigt hinterfragt Sprechgewohnheiten

---

23 ebd., S. 89
24 ebd., S. 91

‚Was richtig is, ick meine, wat Recht is, det sollt auch Recht sein!'" (S. 97)

Sprache der Herrschenden

So steht Voigts Sprache gegen das Formelhafte, Jargonhafte, Redensartliche und Erstarrte, wie es die Herrschenden sprechen. Ihre Sprache ist hohl, besteht nur noch aus Schablonen und Versatzstücken. Sie ist Sprachklitterung und damit eine tote Sprache, die allenfalls ihre Wirkung aus ihrer Aufgeblasenheit zieht. Man höre den Gefängnisdirektor:

> „Sechzig Millionen deutsche Herzen schlagen höher bei dem Gedanken, dass heute vor vierzig Jahren unser glorreiches Heer auf blutiger Walstatt den entscheidenden Sieg errang, der uns erst zu dem gemacht hat, was wir sind. Viele unserer Mitbürger gedenken heute in stolzer Freude eines ihrer Anverwandten, der diesen Sieg mit erringen half" (S. 60).

Fern von jedem Sprachrealismus

Mit Worten wird hier der Tod auf dem Schlachtfeld überdeckt. Worthülsen und ein falsches Pathos lullen ein und verweigern sich jedem Sprachrealismus, wie er für Voigts Sprache charakteristisch ist. Die Sprache der Herrschenden ist zu Formelhaftigkeit und Abstraktheitverkommen. Neben dem Gefängnisdirektor ist es vor allem Obermüller, der einen Jargon spricht, in dem sich die Wörter entleert haben. Er jongliert mit entleerten Fachbegriffen (‚konstitutionelle Idee', ‚angewandte Demokratie'), idealistischen Vokabeln und neudeutschem Sprachpurismus.[25] Diese Sprache hat er sich angeeignet, er ist nicht wie Voigt in ihr großgeworden, er ist nicht mit ihr gewachsen, sie hat sich ihm nicht organisch angeschmiegt. Auch für Wormser ist die Sprache etwas, mit dem man jonglieren kann. „Er wechselt den Stil mit der Situation und durchläuft alle Stil-

Entleerte Fachbegriffe

---

25 ebd., S. 84

ebenen. Er ist ebenso vertraut mit dem militärischen Imperativ wie mit der saloppen Schnoddrigkeit des Kasinojargons; populärwissenschaftliche Phrasen stehen ihm zu Gebote wie die Sentenz, die Vulgärsprache wie das bildungssprachliche Zitat, er beherrscht den Berolinismus wie die philosophische Fachterminologie."[26]

Sprache des Militärs

Im Gegensatz zu Wormser und Obermüller ist von Schlettows Sprache arm, denn er beherrscht nicht viele Codes oder zumindest zwei Sprachcodes (wie etwa Obermüller), sondern lediglich eine einzige Sprache: die des Militärs. Seine Sprache ist auf den Appell reduziert und wo er nicht militärisch kurz befehlen kann, versagt ihm die Rede.

26 ebd., S. 84 f.

3.7 Interpretationsansätze

ZUSAMMEN-FASSUNG

Das Drama ist
→ eine Auseinandersetzung mit dem preußischen Militarismus,
→ eine Gesellschaftssatire,
→ das komödienhafte Plädoyer für mehr Menschlichkeit.

Drama über den Militarismus

Der Hauptmann von Köpenick ist ein Drama über eine militaristische Gesellschaft, wie sie sich zur Zeit Wilhelm II. in Deutschland zeigte.

Militarismus

Der Begriff ‚Militarismus' steht zum einen für Haltungen und Mentalitäten, die dem Soldatischen und Kämpferischen in der Skala der Werte einen höheren Rang einräumen als dem Zivilen und Friedfertigen, zum anderen für Gesellschaftssysteme, die von militärischen Interessen und Strukturen überwuchert und beherrscht werden. Nach einer Formulierung des Historikers Hans Herzfeld dokumentiert sich darin eine ‚Übersteigerung des Militärischen', die das ‚kriegerische Element zum Selbstzweck' erhebt. Militarismus ist dabei nicht notwendig an den Umfang der Rüstungen, die Schlagkraft und Stärke der Armee gebunden. Vielmehr spiegelt sich darin, wie 1927 der Journalist Franz Carl Endres betonte, in erster Linie die ‚Geistesverfassung der Nichtmilitärs', die im Offizier das alles verpflichtende Leitbild sieht, politische, wirtschaftliche, soziale und pädagogische Fragen ‚nicht nach dem Kriterium der Volkswohlfahrt, sondern nach dem der Heereswohlfahrt und der militärischen Machtäußerung' beurteilt.

Zentrale Stellung des Militärs in der Gesellschaft

Die Reichsgründung und die ihr vorausgegangenen Kriege hatten das nationale und militaristische Denken gefördert, koloniale

Erwerbungen, wirtschaftliche Erfolge, die expansive Weltmachtpolitik Wilhelms II. und nicht zuletzt die Aufrüstung vermittelten den Bürgern ein Gefühl des Stolzes auf die nationale Stärke. Die zentrale Stellung des Militärs in der Gesellschaft zeigte sich in besonderem Maße in dem hohen Sozialprestige des Offiziers.

Hohes Sozialprestige des Offiziers

> „Der Respekt vor den Epauletten ist dem Deutschen durch Gesetz und Verwaltung seit Menschengedenken anerzogen worden. In der Tat [...] der Offiziersrock ist eine rechtliche, vom Gesetz privilegierte Einrichtung, ganz unabhängig von der Person, die in dem Rocke steckt [...]“,

Identifizierung des Bürgers mit den Ordnungsformen

so schreibt die ‚Königlich privilegierte Berlinische Zeitung‘ am 19.10.1906, anlässlich der Vorkommnisse um den falschen Hauptmann von Köpenick. Das militärische Denken und die Übernahme militärischer Denk- und Verhaltensformen in Ämtern, Betrieben und Schulen beherrschten das tägliche Leben. In der Nachahmung feudaler Strukturen und in der Überschaubarkeit hierarchischer Gliederungen fand der Bürger Ordnungsformen, mit denen er sich identifizieren konnte. Der wichtigste Träger dieser sozialen Militarisierung war der Reserveoffizier; mit ihm war das Besitz- und Bildungsbürgertum fest in die militärischen Traditionen und damit in ein besonderes Treueverhältnis zum Monarchen eingebunden.

Kaiser Wilhelm II.

Vor allem Kaiser Wilhelm II. verhalf durch seine Vorliebe für militärische Schauspiele jeder Art, durch die Bevorzugung militärischer Umgangsformen, durch sein persönliches Auftreten in der Öffentlichkeit in immer wieder neuen Uniformen, dem Soldatenstand zu einer Spitzenstellung in der Rangordnung der Nation, die ihresgleichen in der Welt nicht hatte. Der Militärdienst wurde zur Schule der Nation aufgewertet. Wer ‚gedient‘ hatte, galt mehr in der Gesellschaft, wer in seiner beruflichen Laufbahn vorankommen wollte, musste natürlich Reserveoffizier sein.

Bedeutung des Reserveoffiziers

Wie sehr die Komödie ein Drama über den Militarismus und den militaristischen Geist ist, zeigt sich daran, dass die Uniform einer der Protagonisten des Stückes ist. Wie sehr die Uniform bzw. die Welt des Militärs der Hauptheld des Dramas ist, kann man bereits an der Exposition ablesen. Noch bevor überhaupt ein einziges Wort in Wormsers Uniformladen gesprochen worden ist, weiß man durch das Bühnenbild und durch die Geräusche, was in Preußen zählt:

Uniform als ‚Protagonist'

> „Der Zuschauer ist komplett vereinnahmt von Preußens Gloria. Zu hören bekommt er den ‚Armeemarsch Nr. 9', der zwar allmählich verklingt, doch ‚ferne Militärmusik begleitet die ganze Szene'. Zu sehen ist ein militärisches Panoptikum des Kaiserreichs. ‚Die Schaufenster sind mit einzelnen Uniformstücken, auch Helmen, Mützen, Säbeln, Lackstiefeln dekoriert.' Vollständige ‚Offiziersuniformen stehen auf Holzpuppen ohne Kopf'. Auf den Ablagen im Ladeninneren findet sich das gesamte (zum Bau einer Uniform erforderliche) Zubehör. Von der Wand grüßt die kaiserliche Familie, umgeben von ‚Photos höherer Offiziere mit Unterschrift'. Die detaillierte Regieanweisung blendet ein, was in diesem Stück allein zählt: die Welt der Uniform."[27]

Die Welt der Uniform

> „Die den Ersten Akt einleitende Regieanweisung macht sichtbar, was der offizielle Lebenssinn der wilhelminischen Gesellschaft ist. Was zählt, sieht man. Und man hört es."[28]

---

27 Dimter, S. 355
28 ebd., S. 356

Die wilhelminische Gesellschaft ist voll und ganz durchmilitarisiert.

Die militarisierte wilhelminische Gesellschaft

„Alle Generationen und die unterschiedlichsten Bevölkerungsschichten sind davon beherrscht. Bereits ‚zwei sehr kleine Knaben' vergnügen sich offensichtlich am besten, wenn sie ‚in bunten Offiziersuniformen, der eine als kompletter Husar, der andere als Kürassier' (III, 16) herumtollen können. Ihre Kindermädchen wählen unterdessen ihren jeweiligen Favoriten unter drei jungen Offizieren aus, die durch die Allee kommen. Zwei ältere Offiziere erörtern kriegsträchtige Themen wie die ‚Marokkokrise' und ‚das ewige Pulverfass' (III, 16) auf dem Balkan. Auch die beiden Pensionisten, der Oberst und der Geheimrat, konversieren über die kleineren oder größeren Leiden im Militärjargon. Zwei alte Damen der Potsdamer Gesellschaft zeigen sich entzückt von den Umgangsformen des Kavaliers alter militärischer Schule (als welcher ironischerweise hier der ehemalige Zuchthäusler Voigt tadellos fungiert). Und selbst der Invalide humpelt durch die Allee ‚mit Ordensband' und sonnt sich im Ehrgefühl des Veterans."[29]

Der Blick in den Spiegel am Ende des Dramas gilt wieder der Uniform, und er korrespondiert mit dem Blick in die Schaufensterauslage bzw. in den Laden selbst durch die Ladentür, wie ihn Voigt ganz zu Beginn des Dramas wagt. Die ausgestellte Uniform, die er anfangs bewunderte, hat er zu seiner eigenen Verkleidung gemacht und dadurch die Gesellschaft, die sich ganz durch die Uniform beherrschen lässt und darüber ihre Menschlichkeit vergisst, dargestellt, indem er auf die Maskenhaftigkeit der Uniform – und sei es auch nur unbewusst und ungewollt – aufmerksam gemacht hat.

Maskenhaftigkeit der Uniform

---

29 ebd., S. 356 f.

„Vor das Spieglein an der Wand wird Voigt erst nach vollbrachter Tat von den Betrogenen selbst geführt. Voigt, der Eulenspiegel, hat gehandelt, ohne sich vorher zu spiegeln. Er allein weiß, dass Spiegel blenden. Nur er erkennt sich mit seinem ‚Unmöglich' selbst, während der Narzissmus der anderen sich eine Märchenwelt vorgaukelt. Ihnen ergeht es wie dem Märchenkaiser in seinen neuen Kleidern, die ausschließlich im ‚Spiegel', in der Wesenlosigkeit der gesellschaftlichen Anerkennung existieren. Nur das Kind oder der Außenseiter, beide dem Verblendungszusammenhang nicht verfallen, können seine Zauberwirkung durchschauen und seine leere Macht zerstören.

Die Funktion des Spiegels

Wie die Uniform ist auch [der Spiegel als] Requisit verkommen. Ehedem galt es als Medium der Selbstreflexion und Selbsterkenntnis. Um Spiegelung zu ermöglichen, musste eine Substanz vorhanden sein, die im Gegenbild erscheinen konnte. Der Wesenlose konnte sich nicht spiegeln, weil nichts reflektierte. Hier dagegen wird die Existenz erst durch die Widerspiegelung begründet. Deshalb auch sind die Stationen des Stücks ein System wiederholter Spiegelungen: immer dasselbe, nur neu gespiegelt."[30]

Gesellschaftssatire

Eulenspiegeldrama

Man wird sich für eine Interpretation des Dramas nochmals in Erinnerung rufen müssen, dass Zuckmayer – seiner eigenen Aussage nach – ursprünglich statt der Köpenickiade ein Eulenspiegel-Drama hatte schreiben wollen. *Der Hauptmann von Köpenick* hat etwas von einer Eulenspiegeleibehalten, auch wenn Voigt nicht die Intellektualität eines Eulenspiegel besitzt, er vielmehr aus einem nicht unterzukriegenden Lebenswillen heraus und aus dem Bauch her-

30 Frizen, S. 76 f.

Der Gesellschaft den Spiegel vorhalten

aus handelt und der Gesellschaft unfreiwillig und unreflektiert den Spiegel vorhält, wie es Eulenspiegel tat, wenn man Eulenspiegel als gesellschaftliche Reflexionsfigur begreifen will, die als Außenseiter der Gesellschaft dieser den Spiegel vorhalten will.

Im Programmheft zur Aufführung des *Hauptmann von Köpenick* im Deutschen Theater Berlin (Spielzeit 1930/31) findet sich eine von Zuckmayer gegebene Aussage über sein Verhältnis zu den Quellen und zu seinem mit dem Stück verfolgten Zweck:

> „[...] Warum nun dieser vorbestrafte Schuster Wilhelm Voigt, der Mann ohne Pass und ohne Aufenthalt, nicht ins Wasser ging oder im Säuferheim verfaulte, – sondern, mit einer alten Montur vermählt, ein ganz Anderer, Neuer, ward:
>
> Wieso man ihn, das Stiefkind aller Amtsstuben, gleich nach der Hochzeit als ihren unumschränkten Herrn und Herrscher anschaute:
>
> Weshalb gerade er, der Wilhelm Voigt, etwas gemerkt hatte, was sechzig Millionen guter Deutscher auch wussten, ohne etwas zu merken:
>
> All das versucht das Schauspiel *Hauptmann von Köpenick* im Ablauf weniger Stunden zu zeigen.
>
> Es hält und hängt sich nicht an die Einzelheiten tatsächlicher Geschehnisse, es zeichnet nicht die dürftigen Buchstaben der Dokumente nach, denn aus ihnen ist nur der äußere Ablauf, niemals das Wesen und die Quersumme eines Menschenlebens oder der irdischen Geschichte zu erkennen. Es will auch nicht mit den Leuten rechten, die die Verhältnisse gemacht haben, noch mit den Verhältnissen, aus denen die Leute wurden. Denn es ist ja nichts Neues, was es erzählt, sondern es ist ein deutsches Märchen und, wie alle Märchen, längst vorbei. – vielleicht überhaupt nicht wahr? – Und nur ein Gleichnis für das, was nicht

Deutsches Märchen

Gleichnis

> vorbei ist! An dem Schluss und zu allem Beginnen steht der Spruch aus den ‚Bremer Stadtmusikanten' der Brüder Grimm: ‚Komm mit! Etwas Besseres als den Tod findest du allemal!'"[31]

Komödie über die Verteidigung des Menschlichen

Das Stück versammelt in sich: „Militär- und Uniformthematik; Resozialisierungsthematik; Heimat- und Menschenordnungsthematik."[32] Zuckmayer wollte nicht die Geißel schwingen, sondern ein Menschenbild beschwören vor dem Sieg der den Menschen verachtenden Nationalsozialisten. Er klagte die Unterdrückung des Menschen an, indem er das Menschliche überhaupt verteidigte. „Die Uniform ist Symbol für das Unmenschliche und die große Versuchung des Menschen."[33]

Beschwörung eines Menschenbildes

> „Schlettow ist, wenn auch in gänzlich formalisiertem Sinn, derart von der Vehemenz der Uniform-Idee besessen, dass sich in ihr Glanz und Elend seines Lebens erfüllen. An seinem Beispiel wird deutlich, dass die Uniform im Kaiserreich die alles bestimmende Größe ist, nicht der Mensch, der sie trägt. Sie entscheidet über gesellschaftliches Sein oder Nichtsein. [...] Dass von Schlettow aufgrund des Vorfalls [im Café National, I, 3] den Dienst quittiert, offenbart in letzter Deutlichkeit die völlig veräußerlichte Verfassung der wilhelminischen Gesellschaft, deren wahren Zustand Voigt früh erkannt hat: ‚Schale is allens' (I, 3). Der Kern, die Person, ist austauschbar. Das Leben in diesem Gesellschaftssystem ist ebenso einfach wie brutal. Es gibt nur korrektes oder reglementwidriges Verhalten. Ehre oder Schande. Alle Zwischentöne fehlen."[34]

Die wilhelminische Gesellschaft denkt schwarz-weiß

---

31 zit. nach: Mews, S. 44
32 Hein, S. 52
33 ebd., S. 52 f.
34 Dimter, S. 359 f.

Voigt geht es um eine menschengerechte Ordnung

Der Wendepunkt in der Mentalität Voigts, der zugleich auch den Handlungsumschwung des Stückes in Richtung Köpenickiade einleitet, offenbart sich in der grundsätzlichen Auseinandersetzung mit seinem Schwager Hoprecht (II, 14). In diesem längsten Dialog zwischen zwei Personen des Stückes macht Voigt klar, dass es ihm nicht um Rebellion, sondern um eine menschengerechte Ordnung geht:

> „Unterordnen. Jewiss! Aber unter wat drunter?! Det will ick janz jenau wissen! Denn muss de Ordnung richtig sein, Friedrich, det isse nich!" (S. 99)

Die innere Stimme hat Voigt während der Beerdigung von Liesken gesagt:

> „Mensch, hatse jesagt – einmal kneift jeder 'n Arsch zu, du auch, hatse jesagt. Und denn, denn stehste vor Gott dem Vater, stehste, der allens jeweckt hat, vor dem stehste denn, und der fragt dir ins Jesichte: Willem Voigt, wat haste jemacht mit dein Leben? Und da muss ick sagen – Fußmatte, muss ick sagen." (S. 101)

Typ des Komödienhelden

„Das Leben ist ein dem Menschen von Gott anvertrautes Gut, mit dem er so gut wie möglich zu wirtschaften hat. Voigts Situation ist typisch für den Typ des Komödienhelden, der am gesellschaftlichen Spiel gerne teilnehmen möchte, von dieser aber zum Mitspielen nicht zugelassen wird. Um trotzdem einmal als Teil der Ordnung zu gelten und nicht als Fußmatte, entschließt er sich zum Falschspiel. Seine Einsicht, dass nicht der Mensch die Ordnung bestimmt, sondern dass die Uniform, also die äußere

> Rolle allmächtig ist, führt ihn dazu, die Gesellschaft mit ihren eigenen Mitteln zu schlagen und – wenn auch nur für kurze Zeit – eine Rolle zu spielen. Die Tatsache, dass ihm das ohne weiteres gelingt, ist der schlagende Beweis für die Hohlheit der die Gesellschaft bestimmenden Regeln, für die innere Krise, in der sich das System befindet, dadurch dass es nicht mehr dem Menschen dient, sondern, die Konvention verabsolutierend, diesen ausschließt und zermalmt. Nirgendwo zeigt sich so deutlich wie in Zuckmayers Komödie, wie die Weigerung der Gesellschaft, den Einzelnen als Teil ihrer selbst zuzulassen, damit er sich als Mensch selbst verwirklichen kann, zur Anklage der Gesellschaft selbst wird. Die Existenz des von der Gesellschaft ausgeschlossenen Wilhelm Voigt wird zum Beweis für die Absurdität der gesellschaftlichen Regeln, dafür dass Exklusivität und Absolutheit der gesellschaftlichen Spielregeln dem einzelnen nur die Alternative lassen, Opfer zu werden oder sich aufzulehnen."[35]

Voigt schlägt Gesellschaft mit eigenen Mitteln: er spielt eine Rolle

Voigts Köpenickiade ist also kein rebellischer Akt. Er ist auch keine gewaltsame Wendung gegen das wilhelminische System. Er ist vielmehr die von Voigt schnell begriffene Anwendung des gesellschaftlichen Passepartouts, der Uniform, um eine aus dem Göttlichen abgeleitete Ordnung in ihr Recht zu setzen. Die preußische Bürokratie und die militärische Hierarchie sind Unordnungen, Verstöße gegen die göttliche Ordnung, denn sie machen es dem Menschen unmöglich, Heimat auf der Erde zu finden. Der kurze Theatermoment, wenn der Direktor wünscht, dass Voigt sich nochmals die Uniform anzieht, Voigt dann mit Uniform vor den Spiegel tritt und sein ‚Unmöglich' ausruft, gibt

Die Köpenickiade ist kein rebellischer Akt

---

35 Wagner, S. 235

Möglicher Humanismus durch Lachen

„einen Vorschein möglicher Humanisierung des über das ganze Stück hin unmenschlichen Verhältnisses zwischen Behörde und Klient. Zu bewerkstelligen ist dies durch den Einsatz einer (offensichtlich in der wilhelminischen Behördenwelt weithin verkümmerten) menschlichen Möglichkeit: des Lachens. Voigts Lachen besteht aus einer unlöslichen Verbindung von Erschütterung und Erleichterung, allegorisiert also die anthropologische Grunddisposition des Menschen zwischen Weinen und Lachen. [...] Dieses natürlich zunächst an seine Erscheinung als Uniformträger gerichtete ‚Unmöglich' impliziert bei genauerem Zusehen eine Fülle möglicher Bedeutungen: etwa den Umstand, dass sich für eine Weile das Unmögliche (also Märchenhafte) der Kongruenz von Menschlichkeit und Befehlsgewalt eines Amtsträgers in seiner Person ereignet hat. Unmöglich also im Sinne von ‚kaum zu glauben!' Es kommt darauf an, sein Geschick selbst in die Hand zu nehmen, unabhängig von Erfolg oder Misserfolg. Dergestalt plädiert das Stück für den Willen zum Leben, was der allerletzte Satz des Textes anzeigt, der dem grimmschen Märchen von den Bremer Stadtmusikanten entnommen ist und von keiner Dramenfigur mehr gesprochen wird:

Der Wille zum Leben

‚Komm mit', sagte der Hahn,
‚etwas Besseres als den Tod werden wir überall finden.'"[36]

---

36 Dimter, S. 366 f.

4. REZEPTIONSGESCHICHTE

ZUSAMMEN-FASSUNG

Zuckmayers Komödie wurde zunächst als militärische Satire gefeiert, dann von den Nationalsozialisten von den deutschen Bühnen verbannt, nach dem Zweiten Weltkrieg aber wieder häufig gespielt und verfilmt. Die Komödie diente u. a. berühmten Schauspielern (z. B. Heinz Rühmann, Rudolf Platte, Harald Juhnke u. a.) als Paraderolle.

Bernhard Diebold schreibt nach der Uraufführung:

Die Uniform als zweite Haut

> „Der Schuster Voigt ist kein Revolutionär. Er anerkennt das militärische System und zieht daraus die letzten Konsequenzen. Er weiß: die Hierarchie will nicht den Menschen; sie zielt nur auf sein außermenschliches Amt, das ihm als Uniform zur zweiten Haut wird. Der Schuster Voigt zieht die hierarchische Konsequenz und schafft sich die Haut eines Hauptmanns an. In dieser Haut ist man kein Schuster mehr, auch wenn man wie ein Schuster aussieht. In dieser Haut mit rotem Halskragen ist man kein Zuchthäusler mehr, auch wenn man keine Papiere hat. In dieser Haut ist die gesamte Hierarchie – vom Hauptmann abwärts selbstverständlich! – zu besiegen, sofern sie konsequent ist. [...] Die Logik des Systems triumphierte bis zur Märchenhaftigkeit. Voigt führte sie ad absurdum durch die Tat. Und Zuckmayer schreibt nun das Märchen – den Mythos. Die Exposition ist bewundernswert. Denn vor der berühmten Fabel vom falschen Hauptmann in der Uniform erfindet und erzählt der Dich-

Bewundernswerte Exposition

ter Zuckmayer den Gegen-Mythos. Nämlich die Tragödie vom echten Hauptmann in Zivil. [...]

Typisierung der Personen

Der Fabel von der Uniform dienen alle Schicksale dieses Stückes, die nicht persönlich sind, sondern typisch. Personengruppen scharen sich um die Hauptspieler. Um den Hauptmann von Schlettow ein ganzes Kaffeehaus mit seinen Herren und unfeinen Damen. Um den Kommerzienrat und Schneider Wormser seine Gehilfen und die Familie, worunter der militäruntüchtige Sohn mit der schlechten Haltung. Um den Bürgermeister Obermüller seine klassenbewusste Gattin, Kinder und Dienstmädchen und die Beamtenschaft. Um den Helden Voigt die Schlafburschen der Herberge zur Heimat, die Sträflingsbrüder im Zuchthaus Sonnenberg, die Schwester, der Schwager, die kranke Untermieterin; und dann das Heer der Uniformen: Wachtmeister, Aufseher, Soldaten, Polizeiräte und der ganze Alexanderplatz. Es sind dreiundsiebzig Personen, die in drei Akten von je sieben Szenen von Zuckmayer zum Märchen kommandiert wurden. [...]

Militärische Satire

Zuckmayer vergisst nichts zur universellen Geltung seiner militärischen Satire. Im Schlafsaal unter den Vagabunden wird der Deserteur erwischt. In der Schuhfabrik werden die Arbeitsuchenden nach der militärischen Haltung ausgelesen. Im Park von Sanssouci spielen die Kinder Soldaten; und Soldaten reden kindlich von künftigen Kriegen. In der Zuchthauskirche wird der Sedanstag mit einem Kriegsspiel gefeiert, indem der gute Direktor im Schmucke seiner Orden und des Vollbarts die Eroberung der Höhe 101 von seinen Häftlingen siegreich nachkonstruieren lässt. Voigt, als bester Kenner der Formationen, zeichnet sich dabei als Führer der Sturmtrupps aus. Am nächsten Tag wird er entlassen mit allen seinen militärischen Kenntnissen. Sie werden ihm nicht ohne Nutzen sein fürs Leben.

> Die hohe Menschlichkeit des Dichters Zuckmayer schafft nur satirische Situationen – nicht aber durch Satire entwürdigte Menschen. […] Es sind nicht schändliche Menschen unter dem Zeichen der Uniform. Es sind pflichttreue Untertanen unter der bunten Idee, die sie in die kunterbuntesten Verwirrungen wirft. Nicht gegen Menschen geht das Märchen. […] Es geht nur gegen das System, dem selbst der Hauptmann nicht entgeht. Nur die Zustände sind vom Spott überschüttet. […] Voigt trägt Züge eines wirklichen Erdendaseins: ein guter Mann; ein kluger Mann; ein unsteter Mann; ein von der Not gerichteter Mann; und ohne Pass ein Deplatzierter. […] Er sucht [etwas Besseres als den Tod] in Köpenick – und findet den Sieg über das System mit den Mitteln des Systems."[37]

Zuckmayers hohe Menschlichkeit

Sieg über das System mit den Mitteln des Systems

Herbert Jhering schreibt:

> „Es ist gut, dass der *Hauptmann von Köpenick* kein starres Tendenzstück geworden ist. […] Aber ich sehe nicht den festen Punkt, von dem aus [Zuckmayer] betrachtet. Er wechselt, er ist verliebt in seine Personen. Er lenkt nicht den Geist des Zuschauers dahin, von wo aus er betrachten soll. So kann der eine den Militärschwank, der andere eine leichte soziale Anklage, der dritte die Satire sehen."[38]

Viele Lesarten des Stückes

Nach 1933, nach der Machtergreifung der Nationalsozialisten, wurde die Aufführung des Zuckmayer-Stückes in Deutschland verboten, wohl war es möglich, das Stück in der Schweiz, in Bern und Basel, zur Aufführung zu bringen. Nach dem Zweiten Weltkrieg er-

Aufführungsverbot in Deutschland nach 1933

---

37 zit. nach: Scheible, S. 31 ff.
38 zit. nach: Scheible, S. 38

Bühnentriumph nach dem II. Weltkrieg

lebte es dann einen Bühnentriumph: In der Spielzeit 1948/49 wurde es 485 Mal, in der Spielzeit 1951/52 242 Mal aufgeführt, womit es an zweiter bzw. fünfter Stelle in der Rangliste erfolgreicher Stücke stand.

Das Stück war immer wieder bei den Schauspielern zur Besetzung der Hauptrolle begehrt. Werner Krauß, Max Adalbert, Paul Bildt, Heinz Rühmann, Rudolf Platte, Carl Raddatz, Joseph Offenbach traten in der Rolle des Wilhelm Voigt auf.

Die Verfilmungen

Neben die Bühnenaufführung trat der Film. Heute ist es sogar so, dass das Stück mehr als Film denn als Bühnenstück bekannt ist. Vor allem haben sich drei filmische Inszenierungen dem Gedächtnis eingeschrieben: Helmut Käutner verfilmte die zuckmayersche Vorlage mit Heinz Rühmann 1956; Rudolf Platte spielte in der Fernsehinszenierung von 1960 den Voigt mehr anklägerisch, als es Rühmann in der filmischen Version tat, die mehr auf das menschliche Schicksal des Schusters abhob und die Anklage des Militarismus in den Hintergrund treten ließ. Frank Beyer und sein Autor Wolfgang Kohlhaase betonen in der Verfilmung von 1997 mehr das Ganovenhafte, Schlitzohrige. Juhnke zeigt Voigt als Hochstapler, der auch seinen Spaß an der Sache hat. Er ist nicht nur der kleine Mann, sondern in ihm steckt auch der Kriminelle.

5. MATERIALIEN

Der historische Voigt

Wilhelm Voigt wurde am 13. Februar 1849 in Tilsit in Ostpreußen geboren. Das Verhältnis zur Mutter ist gut, der Vater allerdings jähzornig und gewalttätig, so dass Voigt mit 14 Jahren von zu Hause fortläuft, von der Polizei aufgegriffen und bestraft wird. Die Vorstrafe von 48 Stunden wegen Bettelei verhindert, dass Voigt seinen Traum verwirklichen kann, zur Marine zu gehen, um dort eine militärische Laufbahn anzutreten. Er muss in die Schuhmacherlehre beim Vater. Der Siebzehnjährige begibt sich über Königsberg und Danzig nach Berlin. Hier verändert er Postanweisungen zu seinen Gunsten. Die Folge ist eine zwölfjährige Zuchthausstrafe, die er in Moabit absitzt. Nach seiner Entlassung reist er über Frankfurt an der Oder nach Tilsit, spezialisiert sich auf maschinelle Fertigungsmethoden und arbeitet in verschiedenen Städten. Während einer weiteren Gefängnisstrafe lernt er den Mitgefangenen Kallenberg kennen, mit dem er einen Einbruch bei der Gerichtskasse verübt. Der Versuch misslingt, Voigt wird zu 15 Jahren Zuchthaus verurteilt.

Mit 17 Jahren kommt er nach Berlin

„Voigt betreibt die Revision des Prozesses und des offenkundig viel zu hohen Strafmaßes wegen ‚bewusster Rechtsbeugung'. Er hat damit keinen Erfolg. Einen Pass verweigert man ihm dreimal. Schließlich vermittelt ihm der Anstaltsgeistliche ‚eine Stellung als Maschinenmeister im Betrieb des Hofschuhmachers Hillbrecht in Wismar. […] Obwohl Voigt in Wismar zu keinerlei Beanstandungen Anlass gibt, obwohl er eine feste Arbeitsstelle hat, in der er sich bewährt, wird er – ohne Angabe des Grundes' – ausgewiesen. Nach kurzen Aufenthalten in Prag und Breslau erfährt er, dass seine

Schwester, mit einem Buchbinder verheiratet, in Rixdorf bei Berlin lebt."[39]

Idee zur Köpenickiade

Voigts Gefängnisstrafen

Voigt fährt nach Berlin, wird aber schon nach vier Wochen ausgewiesen. Dann kommt ihm die Idee zu der ‚Köpenickiade'. Nachdem Voigt durch Verrat seines ehemaligen Freundes Kallenberg verhaftet wird, macht man ihm den Prozess. In den Gerichtsakten vom 30. 11. 1906 wird die bisherige Biografie Voigts zu Protokoll genommen. Sie liest sich wie folgt:

„Der Angeklagte gibt auf Befragen an, dass er am 13. Februar 1849 zu Tilsit geboren sei. Er ist Witwer, Vater von vier Kindern, die in Böhmen wohnen. Soldat ist er nicht gewesen. Der Angeklagte ist sieben Mal vorbestraft und zwar: vom Kreisgericht in Tilsit am 12. Juni 1863 wegen Diebstahls mit vierzehn Tagen Gefängnis; von demselben Gericht am 9. September 1864 wegen Diebstahls mit drei Monaten Gefängnis; von demselben Gericht am 11. September 1865 wegen Diebstahls im Rückfalle mit 9 Monaten und 1 Jahr Ehrverlust; von dem Schwurgericht zu Prezlau am 13. April 1867 wegen Urkundenfälschung mit zehn Jahren Zuchthaus und 1500 Talern Geldstrafe oder noch 2 Jahren Zuchthaus; von dem Landgericht zu Posen am 5. Juli 1889 wegen schweren Diebstahls mit einem Jahr Gefängnis; von demselben Gericht wegen intellektueller Urkundenfälschung mit 1 Monat Gefängnis; von dem Landgericht zu Gnesen am 12. Februar 1891 wegen schweren Diebstahls im Rückfalle mit 15 Jahren Zuchthaus, Ehrverlust auf 10 Jahre und Zulässigkeit der Polizeiaufsicht."[40]

---

39 Scheible, S. 75
40 zit. nach: Frizen, S. 11

Voigt wird erneut verurteilt, vor allem wegen Betrugs und schwerer Urkundenfälschung; er sitzt die Gefängnisstrafe von vier Jahren jedoch nicht voll ab, da er nach zwei Jahren begnadigt wird. Es folgt dann noch das kurze Leben eines ‚Stars':

Voigts Ruhm als Hauptmann

„Fortan zehrt er von seinem Ruhm, tritt als ‚Hauptmann' auf, verkauft sich selbst in Form von Postkarten (gerät dadurch 1909 schon wieder mit den Gesetzeshütern in Konflikt, weil er die Postkarten ohne Gewerbeschein verkauft), bereist Amerika und veröffentlicht seine Geschichte in seinem ‚Lebensbild' ‚Wie ich Hauptmann von Köpenick' wurde."[41]

Voigt stirbt 1922 in Luxemburg

Heimweh und Sehnsucht treiben ihn zurück nach Europa, wo ihm sein Vaterland verwehrt blieb. Er erinnert sich an Luxemburg, wo er sich bereits im Mai 1909 aufgehalten hatte. Er bestimmte die Stadt Luxemburg zu seiner Wahlheimat. Aufnahme fand er bei Madame Blum in der Rue Neyperg, Nr. 5. Er reiste herum in der näheren und weiteren Umgebung und ließ sich feiern. Im Alter von 72 Jahren starb er am 3. Januar 1922. Nach seinem Tode vollzog sich eine weitere ‚Köpenickiade': Der Leichenzug kam an einem französischen Soldatenkommando vorbei. Dem fragenden Offizier teilte man mit, man fahre nun den berühmten ‚Capitaine de Köpenick' zu Grabe. Der ließ daraufhin spontan salutieren. Voigt erhielt ein Armengrab. Aus Anlass eines Gastspiels in Luxemburg finanzierte der Circus Sarrasani 1961 das weitere Ruherecht auf 15 Jahre. Inzwischen haben sich das Verkehrsamt, die Friedhofsverwaltung und die Stadt Luxemburg des Grabmals angenommen und einen Grabstein mit Inschrift und preußischer Pickelhaube aufstellen lassen.

---

41 Frizen, S. 12

Der echte Wilhelm Voigt in Uniform 1908
© Cinetext

Der Tag von Köpenick – 16.10.1906

3:45 Uhr	Voigt verlässt seine Wohnung.
4:00 Uhr	Er fährt mit dem Zug nach Köpenick.
5:10 Uhr	Tasse Kaffee bei Gastwirt Augustin, Ecke Grünstraße. Danach zum Rathaus.
6:00 Uhr	Voigt kehrt nach Berlin zurück. Fahrt mit der Droschke.
9:45 Uhr bis 12:45 Uhr	Frühstück im Schanklokal.
12:50 Uhr	Er bringt die gerade vom Dienst zurückkehrende Wache der Militärschwimmanstalt Plötzensee und die ebenfalls vom Dienst zurückkehrende Schießstandwache des vierten Garderegiments, die beide unter dem Befehl eines Gefreiten standen, unter sein Kommando (4 Füsiliere und 6 Gefreite). Gemeinsame Fahrt vom Bahnhof Putlitzstr. nach Köpenick; gemeinsame Mittagsmahlzeit in einer Köpenicker Bahnhofswirtschaft. Marsch zum Rathaus und Aufstellung der Posten. Besetzung der Eingänge. Festnahme von Oberstadtsekretär Rosenkraut, Bürgermeister Dr. Langerhans und Stadt-Rendant von Wiltberg. Übernahme der Stadtkasse. In requirierten Droschken werden der Bürgermeister, dessen Gattin und Kassenrendant von Wiltberg nach Berlin zur Neuen Wache in Marsch gesetzt. Voigt geht zu Fuß zum Bahnhof und fährt nach Berlin. Danach ‚verschwindet' der Hauptmann spurlos, d. h. nach einem Cafébesuch in der Nähe der ‚Neuen Wache', von wo aus er die Ankunft des Bürgermeisters beobachtete, kauft er sich einen Zivilanzug und entledigt sich der Uniform.
bis 25.10.1906	Keine Spur vom Hauptmann.

Zeitungsmeldung über die Köpenickiade

Meldung der Berliner „Täglichen Rundschau" vom 17. Oktober 1906:

„Ein als Hauptmann verkleideter Mensch führte gestern eine von Tegel kommende Abteilung Soldaten nach dem Köpenicker Rathaus, ließ den Bürgermeister verhaften, beraubte die Gemeindekasse und fuhr in einer Droschke davon."[42]

Steckbrief

Die Beschreibung des falschen Hauptmanns im Steckbrief lautete:

„Nach den neuesten Ermittlungen ist die genaue Beschreibung des Täters die folgende: 50–60 Jahre alt, 1,75 m groß, schlank, nach vorn gebeugte Kopfhaltung, silbergraues, etwa 1 cm langes dichtes Kopfhaar, grauer, unter der Nase rötlich-blonder Schnurrbart, krankhaft gelbe Gesichtsfarbe, eingefallene Backen, vorstehende Backenknochen, ziemlich breites Gesicht, tief liegende Augen, um dieselben bogenförmige Falten, große Ohren. Die Nase ist bis zur Spitze schmal, hat aber breite, scharf markierte Flügel und ist etwas schief, zeigt auch in der Umgebung Finnelöcher. Der Täter, der schmale weiße Hände hat, ist auffallend hässlich. Die Kopfweite beträgt 56 ½ cm, die Taillenweite etwa 80 cm."[43]

Bekanntmachung

„2500 Mk. Belohnung
Raub in Cöpenick.
Unbekannter Räuber
Ergebnis der bisher angestellten Ermittlungen über den im Rathause zu Cöpenick am 16. d. Mts, nachmittags durch einen falschen Hauptmann verübten Kassenraub. Vergl. Bekanntmachung im Deutschen Fahndungsblatt vom 19. d. Mts. Stück 2304.

---

42 Tägliche Rundschau, Berlin, 17.10.1906
43 zit. nach: Scheible, S. 100 ff.

Der Täter erschien am 8. d. Mts. vormittags in Potsdam bei dem Händler Remlinger, Mittelstraße 3, und kaufte einen Offiziersmantel und Überrock. Er machte auf den Verkäufer nicht den Eindruck eines besonders gebildeten Mannes. Sein Anzug bestand aus dunklem Jackett, eben solcher Hose, schwarzem, steifem Hut, Stehkragen. Am Freitag, den 12. d. Mts., kaufte er in einem Berliner Geschäft eine Militärmütze; wo Infanterie-Degen und schwarzes Lackunterschnallkoppel mit blauem Gurt gekauft sind, ist noch nicht ermittelt. Am Dienstag, den 16. d. Mts. ist der Täter morgens in Cöpenick gewesen; um 9 ¾ Uhr besuchte er das Seestraße 3 gelegene Schanklokal von Reichel, wo er sich bis 12.40 Uhr mittags aufhielt. [...] 12.50 Uhr sprach er dann die Wachen in der unmittelbar an der Seestraße gelegenen Sylterstraße an, mit denen er zur Begehung der Tat nach Cöpenick fuhr. Gegen 7 ½ Uhr abends hat er sich noch in Uniform im Kleidergeschäft von Hoffmann, Friedrichstr. 50/51, einen schwarzen Jackett-Anzug, schwarzen, haarigen Cheviot-Winterüberzieher und einen schwarzen, steifen Filzhut gekauft. Diese Sachen tragen die Firmenbezeichnung. Hier hat er einen geraubten Tausendmarkschein gewechselt. Mittels Droschke ist der Täter dann nach dem Bahnhof der Mittenwalder Kleinbahn in Rixdorf, Hermannstraße gefahren, hat sich dort umgezogen und den Degen mit Koppel zurückgelassen. Weiter hat sich bisher die Spur des Täters nicht verfolgen lassen.

Um Auskunft, ob bestrafte oder geisteskranke Personen, auf welche die Beschreibung zutrifft, bekannt sind, sowie um schleunige Mitteilung aller auch noch so geringfügiger Anhaltspunkte wird dringend gebeten.

Berlin, 22. Oktbr. 06

Der Polizei-Präsident“[44]

---

44 Deutsches Fahndungsblatt, Jg. 8, St. 2306, No 33; zit. nach: Einfach Deutsch, S. 67

Verhaftung, Prozess, Urteil und Begnadigung

Kalleberg, mit dem Voigt in Wongrowitz eingebrochen war, erinnert sich an eine Äußerung, Voigt wolle eine ‚Sache mit dem Militär drehen'.
26.10. 1906: 10 Tage nach der Tat wird Voigt verhaftet.
30.11. und 1.12.1906: Gerichtsverhandlung vor der 3. Strafkammer des Landgerichts Berlin 11 (Moabit).

Das Urteil

„Der Angeklagte ist des unbefugten Tragens einer Uniform, des Vergehens wider die öffentliche Ordnung, der Freiheitsberaubung, des Betruges und der schweren Urkundenfälschung, alles verübt im rechtlichen Zusammenhange, schuldig und wird derselbe zu einer Gefängnisstrafe von 4 – vier – Jahren verurteilt.

4 Jahre Gefängnis

Er trägt die Kosten des Verfahrens.
Die von dem Angeklagten bei der Straftat getragenen militärischen Ausrüstungsgegenstände werden eingezogen."[45]

Aus der Urteilsbegründung

Die Welt lacht

„Der Angeklagte ist auf Grund dieses Sachverhalts des unbefugten Tragens einer Uniform, der Amtsanmaßung, der Freiheitsberaubung, des Betruges und der schweren Urkundenfälschung [...] beschuldigt. Er gibt die drei ersteren Delikte zu. Dagegen bestreitet er, auf die Erlangung von Geld ausgegangen zu sein. Er will es nur auf ein Auslandspass-Formular abgesehen haben. Er habe sich nämlich, teils vor teils nach seiner Entlassung aus dem Zuchthause, vergeblich um einen Auslandspass bemüht. Eines solchen habe er aber nach seiner wiederholten Ausweisung dringend bedurft und

45 zit. nach: Scheible, S. 110

er habe erwartet, ein Formular dazu – welches er dann selbst habe ausfüllen wollen – nebst den nötigen Stempeln in dem Rathaus einer Stadt vorzufinden. Nur zu diesem Zwecke habe er sich des Köpenicker Rathauses bemächtigt und die leitenden Personen der Stadtverwaltung eingesperrt. [...] Das Vorliegen der Übertretung – unbefugtes Tragen einer Uniform – bedarf keiner Erörterung. [...] Der Angeklagte hat also schon durch Täuschung – Vorspiegelung der falschen Tatsachen seiner Eigenschaft als Offizier und des ihm gewordenen Allerhöchsten Befehls – sein Ziel, die Auslieferung des Kassenbestandes, erreicht. Diese Täuschung hatte die Beschädigung des Vermögens der Stadtgemeinde Köpenick zur Folge, da der Angeklagte das Geld sich aneignete und mitnahm. – Dass er bei der Täuschung und Schädigung in Erstrebung eines rechtswidrigen Vermögensvorteiles handelte, bedarf keiner Erörterung."[46]

Haft in Tegel
15. 8. 1908: Begnadigung durch den Kaiser.
Januar 1909: Voigts Autobiografie erscheint.

Die Reaktion der Presse auf die Köpenickiade[47]

Sozialdemokratische Zeitung „Vorwärts", 18. Oktober 1906
„Die Welt lacht. Über die deutschen Grenzen hinaus, über den englischen Kanal und den Atlantischen Ozean dringt ein schrilles Hohngelächter. Die Welt lacht auf Kosten des preußischen Junkerstaats. Die Achtung, die deutsche Wissenschaft, deutsche Industrie sich im Auslande erworben haben, erstickt in einem spöttischen Gelächter."

---

46 zit. nach: Scheible, S. 110 f.
47 alte Zeitungsauszüge zit. nach: Mews, S. 11 f.

„Vossische Zeitung", 19. Oktober 1906

„Des Königs Rock

Köpenicker Schelmenstück

Eigentlich muss es wundernehmen, dass der Gauner im Offiziersrock noch immer eine Seltenheit ist. Vielleicht wird es nach dem Köpenicker Schelmenstück anders. Denn die Mitglieder der Verbrecherzunft haben erfahren, wie leicht sie das gewagteste Unternehmen durchführen können, wenn sie die Uniform angezogen haben. Der Respekt vor den Epaulettes ist den Deutschen durch Gesetz und Verwaltung seit Menschengedenken anerzogen worden. In der Tat, des Königs Rock, oder vielmehr der Offiziersrock ist eine rechtliche, vom Gesetz privilegierte Einrichtung, ganz unabhängig von der Person, die in dem Rocke steckt. [...]"

„Berliner Tageblatt", 17. Oktober 1906

„Fetisch Uniform

In Preußen herrscht und regiert die Uniform

Es ist ein beschämendes Zeichen für Bürgersinn, Mannesmut vor Königsthronen, Rechtsstaat, Konstitutionalismus, und wie die schönen Worte alle heißen mögen, aber es ist nun einmal eine Tatsache, dass in Preußen die Uniform herrscht und regiert. Vor der Uniform liegen alle auf dem Bauch, die sogenannte ‚Gesellschaft', die Behörden vom Minister bis zum letzten Nachtwächter, das Bürgertum und die Masse des Volkes auch. [...] Wer die Uniform trägt, der siegt, nicht weil er besser oder klüger oder weitsichtiger wäre als die anderen, sondern weil er uniformiert ist. Trotzdem hätte der Gauner sein Ziel nicht erreichen können, wenn dem preußischen Soldaten nicht systematisch das denken abgewöhnt würde."

„Neue preußische Zeitung", 18. Oktober 1906

Politische Sensation

„Der Gaunerstreich in Köpenick wird bereits zu einer politischen Sensation aufgebauscht. Namentlich soll er gegen den Militarismus ausgenutzt werden. [...] Wer daraus, dass ein Pseudohauptmann ein paar Soldaten unter seine Kommandogewalt bringen und zu einem Verbrechen gebrauchen konnte, den Schluss ziehen will, dass in Preußen die Pflicht des militärischen Gehorsams überspannt werde, der nenne uns doch ein Heer, in dem der Soldat bei jedem Dienstbefehl die schriftliche Autorisation seiner Vorgesetzten [...] nachprüfen darf oder muss. [...] Was aber bei den Soldaten begreiflich ist, das ist bei den Herren von der Köpenicker Stadtverwaltung doch kaum begreiflich."

6. PRÜFUNGSAUFGABEN MIT MUSTERLÖSUNGEN

Unter www.königserläuterungen.de/download finden Sie im Internet zwei weitere Aufgaben mit Musterlösungen.

Die Zahl der Sternchen bezeichnet das Anforderungsniveau der jeweiligen Aufgabe.

Aufgabe 1 *

Charakterisieren Sie Wilhelm Voigt.

Mögliche Lösung in knapper Fassung:

BESCHREIBUNG

Zuckmayer beschreibt Voigt in einer Regieanweisung als eine schmächtige Gestalt, mager und etwas gebückt, leicht angedeutete O-Beine, hohles Gesicht mit starken Backenknochen, grauer Schnurrbart, fahle Hautfarbe. Er trägt einen alten, aber nicht zerlumpten dunklen Anzug. Voigt ist jedoch kein Asozialer, er legt durchaus noch wert auf sich und sein Äußeres.

CHARAKTERISIERUNG

Er ist kein Revolutionär, nicht politisch interessiert, wie etwa der in dem Asylantenheim übernachtende ‚Vorwärts-Leser'. Voigt ist ebenfalls kein erklärter Sozialdemokrat, kein Mensch, der den Einsatz von Gewalt befürwortet und deshalb sich auch von Kalle als krimineller Gegenfigur abgrenzt, wenn er die Mitnahme einer Pistole ablehnt. Es geht ihm bei dem Einbruch nicht um Materielles, er will lediglich die ihm verweigerten Papiere haben. Er durchschaut auch das bürokratische System und seine Fehler: die Zwickmühle, in der er sich befindet und aus der er vergeblich seit langer Zeit zu entkommen versucht.

Zuckmayer hat seine historische Vorlage im Wesentlichen entkriminalisiert, auch wenn er einige Stationen in der kriminellen Karriere seines historischen Vorbildes übernimmt, ist für ihn Voigt nicht unbedingt der Gewohnheitsverbrecher.

SCHLUSS-FOLGERUNG

Auch für Voigt gelten die einfachen Grundrechte des Menschen. Der Mensch braucht eine Heimat, er muss sich die Erde zu einer solchen Heimat machen können, die Gesellschaft darf ihn nicht aus diesem ‚irdischen Paradies vertreiben', sonst hat der Mensch sich gegen die göttliche Schöpfungsordnung gestellt. Er hat aus dem Geschenk des Lebens zu wenig gemacht und kann dies vor Gott nicht verantworten. Deshalb ergreift Voigt im zweiten Teil des Stücks die Handlungsinitiative, entflieht dem gesellschaftlichen Tod, denn etwas Besseres als den Tod findet er allemal. So gesehen rückt das Märchen von den Bremer Stadtmusikanten ins Zentrum der Komödie. Was Voigt einfordert, ist nichts Anderes als die Menschenwürde, die jedem Menschen zugesprochen werden muss.

Aufgabe 2 ***

Charakterisieren Sie Bürgermeister Obermüller.

Mögliche Lösung in knapper Fassung:

BESCHREIBUNG

Obermüller scheint zunächst sympathisch und wenig korrumpierbar. Er ist Mitglied der Fortschrittlichen Volkspartei. Als Kommunalbeamter ist er durchaus beflissen, den Anforderungen seines Berufes korrekt nachzukommen. Als Bürgermeister zeigt er Verantwortung, indem er sozial Privilegierten keine Steuervorteile einräumen will. Er hat zweifellos seine eigenen Ansichten über das System und bemüht sich um Differenzierungen zwischen Beamtentum und Militär.

CHARAKTERISIERUNG

Doch ist er ein Karrieretyp, der sich beflissen bemüht, den Anforderungen zu entsprechen, welche die Konvention an einen Mann seines Standes und seiner Ambitionen stellt. Er ist liberal, allerdings letztlich standpunktlos.

Er glaubt, die Idee der individuellen Freiheit und der ‚konstitutionellen Idee' miteinander widerspruchslos verbinden zu können. Er glaubt irrigerweise auch, in Preußen in einer angewandten Demokratie zu leben. Letztlich vermag auch er, der Sohn einer aus einer Offiziersfamilie stammenden Mutter, der Uniform einen gewissen Zauber abzugewinnen. Für ihn gilt: ‚Wer Leutnant ist, hat es in Preußen erreicht'. Getrieben von seiner gesellschaftlich überehrgeizigen Frau, funktionalisiert er das Militär, weiß und richtet sich danach, dass nur, wer militärisch seine ‚Karriere' macht, auch gesellschaftlich die Leiter der Bürokratie hochkommt.

SCHLUSSFOLGERUNG

Eigentlich verrät er seine Intelligenz, die ihm mehr Freiheit erlaubt hätte. So verschreibt er sich dem preußisch-militärischen System, das Paradebeispiel eines Opportunisten, durch und von dem das System lebt und überdauert. Am Ende erweist er sich als eine schwache Person, deren Amtsautorität untergraben ist.

Aufgabe 3 *

Beschreiben Sie die ‚Geschichte der Uniform' im *Hauptmann von Köpenick*.

Mögliche Lösung in knapper Fassung:

ERLÄUTERUNG

Die Uniform hat verschiedene Besitzer: Zunächst wird sie vom Hoflieferanten Wormser hergestellt. In dessen Uniformladen probiert sie Hauptmann von Schlettow, der sie in Auftrag gegeben hat, an. Von Schlettow stellt jedoch einen minimalen Fertigungsfehler fest, so dass die Uniform überarbeitet werden muss. Die nachgearbeitete Uniform wird von Schlettow in I, 5 geliefert. Dieser muss sie jedoch zurückgehen lassen, da er seinen Dienst quittieren muss. In Wormsers Uniformladen wird die in Kommission genommene Uniform nach dem Gardehauptmann von Schlettow nunmehr dem Reserveoffizier und späteren Bürgermeister von Köpenick, Obermüller, angeboten. Obermüller kauft sie.

Nach zehn Jahren, die inzwischen vergangen sind, kann Obermüller die früher erworbene Uniform nicht mehr zum Kaisermanöver tragen, da er für sie zu dick geworden ist und nicht mehr in sie hineinpasst. Er wartet in der Nacht vor dem Manöver auf die neue Uniform, die Wabschke endlich liefert. Die alte, abgelegte Uniform hat damit ausgedient, allenfalls als Kostüm könne sie noch Verwendung finden. Genau diese Funktion wird sie dann auch erfüllen. Wormsers Tochter hat sich der ausgemusterten Uniform als Kostüm auf einem Kostümfest bedient. In diesem Kostüm trägt sie schneidige Lieder vor, bis durch eine Ungeschicklichkeit ihres Bruders die Uniform mit Getränken, Speisen und Blumenwasser befleckt wird.

Sie kommt nunmehr zum Trödler, wo sie schließlich Voigt erwirbt (III,15), sie in einer Bahnhofstoilette gegen seine heruntergekommene Kleidung eintauscht, kraft der Uniform dann eine kleine Truppe von Soldaten um sich scharen kann, das Rathaus vom Köpenick besetzt, seinen Coup landet, sich schließlich der Polizei stellt und in der letzten Szene nochmals in die Uniform schlüpft und mit einem „Unmöglich" in ein lautes Lachen ausbricht, in das alle Umstehenden im Polizeirevier einstimmen.

Aufgabe 4 ***

Welche Funktion hat die Uniform in Zuckmayers *Der Hauptmann von Köpenick?*

Mögliche Lösung in knapper Fassung:

EINLEITUNG

Wie die Mittelpunktsfigur Voigt zum einen die Szenen aneinanderbindet und die Dramenhandlung im Wesentlichen durch die eine Person des Voigt Handlungseinheit herstellt, kommt dem Requisit der Uniform eine ebenso bedeutende, Einheit stiftende Funktion zu.

ERLÄUTERUNG

Sie ist Hauptrequisit und zugleich als Dingsymbol Zentralsymbol des Dramas. Sie steht und versinnbildlicht den militaristisch und hierarchisch ausgerichteten Staat. Alle Handlungen des Stückes kreisen entweder um die Uniform oder um Voigt. Beide Handlungsstränge verlaufen zunächst parallel zueinander, bis sich dann schließlich beide Handlungsstränge treffen, indem nämlich Voigt die beim Trödler angekommene Uniform kauft, anzieht und seine Köpenickiade damit spielt.

BEURTEILUNG

Wie sehr die Uniform bzw. die Welt des Militärs der Hauptheld des Stückes ist, kann man bereits an der Exposition ablesen. Noch bevor überhaupt ein einziges Wort in Wormsers Uniformladen gesprochen worden ist, weiß man durch das Bühnenbild und durch die Geräusche, was in Preußen zählt: die Welt der Uniform, denn die wilhelminische Gesellschaft ist voll und ganz durchmilitarisiert. Dies zieht sich durch alle Bevölkerungsschichten und alle Generationen.

Auch der Blick in den Spiegel am Ende des Dramas gilt wieder der Uniform und er korrespondiert mit dem Blick in die Schaufensterauslage bzw. in den Laden selbst durch die Ladentür, wie ihn Voigt ganz zu Beginn des Dramas wagt. Die ausgestellte Uniform, die er anfangs bewunderte, hat er zu seiner eigenen Verkleidung gemacht und dadurch die Gesellschaft, die sich ganz durch die Uniform beherrschen lässt und darüber ihre Menschlichkeit vergisst, ‚ausgestellt', indem er auf die Maskenhaftigkeit der Uniform – und sei es auch nur unbewusst und ungewollt – aufmerksam gemacht hat.

LITERATUR

Zitierte Ausgabe:

Zuckmayer, Carl: *Der Hauptmann von Köpenick. Ein deutsches Märchen in drei Akten*. Frankfurt am Main: Fischer Taschenbuch Verlag, 2009.

Werkausgaben:

Zuckmayer, Carl: *Gesammelte Werke. 4 Bde*. Frankfurt a. M. 1960.

Zuckmayer, Carl: *Werkausgabe in zehn Bänden 1920–1975*. Frankfurt a. M. 1976.

Zuckmayer, Carl: *Gesammelte Werke in Einzelbänden*. Hg. v. Knut Beck und Maria Guttenbrunner-Zuckmayer. Frankfurt a. M. 1995 ff.

Zuckmayer, Carl: *Als wär's ein Stück von mir. Horen der Freundschaft*. Frankfurt a. M. 1996. → Zuckmayers Autobiografie

Literatur zu Carl Zuckmayer:

Ayck, Thomas: *Carl Zuckmayer in Selbstzeugnissen und Bilddokumenten*. Reinbek b. Hamburg 1977.

Bauer, Arnold: *Carl Zuckmayer*. Berlin 1970.

Blätter der Carl-Zuckmayer-Gesellschaft. Mainz 1975 ff.

Glauert, Barbara (Hg.): *Carl Zuckmayer. Das Bühnenwerk im Spiegel der Kritik*. Frankfurt a. M. 1977.

Greiner, Martin: *Carl Zuckmayer als Volksdichter*. In: Hein, Jürgen (Hg.): Theater und Gesellschaft. Das Volksstück im 19. und 20. Jahrhundert. Düsseldorf 1973, S. 161–170.

Kieser, Harro (Hg.): *Carl Zuckmayer. Materialien zu Leben und Werk*. Frankfurt a. M. 1986.

Lange, Rudolf: *Carl Zuckmayer*. Velber bei Hannover 1969.

Mews, Siegfried: *Carl Zuckmayer.* Boston 1981. → Gut lesbare Biografie zu Zuckmayer.

Paulsen, Wolfgang: *Carl Zuckmayer.* In: Mann, Otto und Rothe, Wolfgang (Hg.): Deutsche Literatur im 20. Jahrhundert. Strukturen und Gestalten. Bd. II. Bern, München 1967. 5. Aufl., S. 332–361.

Rotermund, Erwin: *Zur Erneuerung des Volksstücks in der Weimarer Republik.* In: Festgabe für J. Dünninger. Berlin 1970, S. 612–633.

Sudhof, Siegfried: *Carl Zuckmayer.* In: Wiese, Benno v. (Hg.): Deutsche Dichter der Gegenwart. Berlin 1973, S. 64–82.

Wagener, Hans: *CarlZuckmayer*. München 1983.

Wagener, Hans: *Carl Zuckmayer.*In: Killy, Walter (Hg.): Literaturlexikon. Bd. 12. Gütersloh 1992.

Zu *Der Hauptmann von Köpenick:*

Dimter, Walter: *Zuckmayer: Der Hauptmann von Köpenick.* In: Interpretationen. Dramen des 20. Jahrhunderts. Bd. 1, Stuttgart 1996, S. 345–372. → Anregende Interpretation zu *Der Hauptmann von Köpenick*.

Frizen, Werner: *Carl Zuckmayer. Der Hauptmann von Köpenick*. München 1988. → Wichtige, ausführliche Interpretation zu Zuckmayers Stück.

Hein, Jürgen: *Zuckmayer. Der Hauptmann von Köpenick*. In: Hinck, Walter (Hg.): Die deutsche Komödie vom Mittelalter bis zur Gegenwart. Düsseldorf 1977, S. 269–286. → Für Schüler leicht verständliche Interpretation des Stücks.

Meid, Volker: *Metzler Literaturchronik. Werke deutschsprachiger Autoren*. Stuttgart 1993.

Mews, Siegfried: *Der Hauptmann von Köpenick. ‚Ein deutsches Märchen' oder Kleider machen Leute.* In. German Notes 3 (1972). S. 42–46.

Mews, Siegfried: *Der Hauptmann von Köpenick.* Frankfurt, Berlin, München 1972. → Ausführliche Interpretation des Dramas.

Puschnerus, Helge: *Carl Zuckmayer: Der Hauptmann von Köpenick. Unterrichtsmodell*, hrsg. v. Johannes Diekhans, Paderborn 1999.

Scheible, Hartmut: *Carl Zuckmayer. Der Hauptmann von Köpenick.* Stuttgart 1977.

Speidel, E.: *The Stage as Metaphysical Institution: Zuckmayer's Dramas Schinderhannes andHauptmann von Köpenick.* In: Modern Language Review 63 (1968). S. 425–436.

Scholdt, Günter u. Dirk Walter: *Stundenblätter Hauptmann von Köpenick.* Stuttgart 1979.

Internet-Adresse:

http://www.carl-zuckmayer.de/

→ Homepage der Carl-Zuckmayer-Gesellschaft Nackenheim e. V. mit Informationen zu Aufführungen des Theaterensembles, zu Aktivitäten der Literaturwerkstatt und mit Inhaltsverzeichnissen der Zuckmayer-Jahrbücher.

Der Hauptmann von Köpenick – Verfilmungen:

Der Hauptmann von Köpenick. BRD 1956.
Regie: Helmut Käutner.
Drehbuch: Helmut Käutner, Carl Zuckmayer.
Heinz Rühmann als Hauptmann.

Der Hauptmann von Köpenick. BRD 1960.
Verfilmung für das Fernsehen/ARD/SDR.
Regie: Rainer Wolffhardt.

Drehbuch: Rainer Wolffhardt, Heinz Schäfer.
Rudolf Platte als Hauptmann.

Der Hauptmann von Köpenick. Öst./BRD/Schweiz 1997.
Verfilmung für das Fernsehen.
Regie: Frank Beyer.
Drehbuch: Wolfgang Kohlhaase.
Harald Juhnke als Hauptmann.

STICHWORTVERZEICHNIS